AF401713

LE LIVRE D'OR DES MÉTIERS

HISTOIRE DE LA COIFFURE, DE LA BARBE ET DES CHEVEUX POSTICHES

DEPUIS LES TEMPS LES PLUS RECULÉS JUSQU'A NOS JOURS,

SUIVIE

DE L'HISTORIQUE DES ANCIENNES CORPORATIONS

DES BARBIERS-PERRUQUIERS-BAIGNEURS-ÉTUVISTES ET D'ARTISTES COIFFEURS

DES DAMES,

Depuis leur origine jusqu'à leur suppression en 1789,

DE

L'HISTOIRE DES COIFFEURS,

Depuis cette époque jusqu'à nos jours,

DES ANCIENS STATUTS, PRIVILÉGES ET RÈGLEMENTS DES ANCIENNES COMMUNAUTÉS,

[...] GÉNÉRAL DES BARBIERS-PERRUQUIERS, DE LA BIOGRAPHIE DE LEURS HOMMES ILLUSTRES, ETC.

PAR ET D'APRÈS

MOLÉ, THIERS, DULAURE, NICOLAI, P. LACROIX, ALPH. DUCHESNE ET FERD. SÉRÉ.

« Il y aurait à faire un travail intéressant et des recherches instructives
sur les Corporations et leurs Statuts. C'est, on peut le dire, une législation
toute particulière, la législation du peuple de cette époque ; sous ce
rapport, elle est digne des investigations des érudits et de la curiosité des
lecteurs. »

(VIE PRIVÉE, [...])

[...] la terre par le christianisme ; donner
aux anciens [...]

(LA ROUE DE LOUP, t. VII de la Soc. des Antiq. de France.)

PARIS

[...]

HISTOIRE

DE

LA COIFFURE

ET

DES COIFFEURS.

PARIS.—TYPOGRAPHIE DE HENRI PLON,

RUE GARANCIÈRE, 8.

HISTOIRE

DE

LA COIFFURE,

DE LA BARBE

ET DES CHEVEUX POSTICHES

DEPUIS LES TEMPS LES PLUS RECULÉS JUSQU'A NOS JOURS,

SUIVIE

DE L'HISTORIQUE DES ANCIENNES CORPORATIONS

DES BARBIERS-PERRUQUIERS-BAIGNEURS-ÉTUVISTES ET D'ARTISTES COIFFEURS

DES DAMES,

Depuis leur origine jusqu'à leur suppression en 1789 ;

DE

L'HISTOIRE DES COIFFEURS,

Depuis cette époque jusqu'à nos jours,

ET

DES ANCIENS STATUTS, PRIVILÉGES ET RÉGLEMENTS DES ANCIENNES COMMUNAUTÉS,
DE L'ARMORIAL GÉNÉRAL DES BARBIERS-PERRUQUIERS, DE LA BIOGRAPHIE DE LEURS HOMMES ILLUSTRES, ETC.,

PAR ET D'APRÈS

MOLÉ, THIERS, DULAURE, NICOLAÏ, P. LACROIX,
ALPH. DUCHESNE ET FERD. SERÉ.

« Il y aurait à faire un travail intéressant et des recherches instructives sur les Corporations et leurs Statuts. C'est, on peut le dire, une législation toute particulière, la législation du peuple de cette époque : sous ce rapport, elle est digne des investigations des érudits et de la curiosité des lecteurs. »

(DE PASTORET, membre de l'Institut, Préamb. des *Ordonnances royales*, t. IX.)

« L'esprit de charité, répandu sur la terre par le christianisme, donnait aux anciennes Confréries un caractère moral et sacré... »

(LE ROUX DE LINCY, t. VII de la *Soc. des Antiq. de France.*)

PARIS

ADOLPHE DELAHAYS, LIBRAIRE-ÉDITEUR,
4-6, RUE VOLTAIRE, 4-6.

1858

HISTOIRE

DE

LA BARBE, DES CHEVEUX

ET DES PERRUQUES.

HISTOIRE

DE LA BARBE, DES CHEVEUX

ET DES PERRUQUES.

e proposer d'écrire l'*Histoire de la Barbe, des Cheveux et des Perruques* n'est pas une entreprise sans difficulté ; car, outre que les documents qui peuvent servir de base à ce travail sont extrêmement disséminés, et qu'il faut à grand' peine les recueillir dans d'innombrables et indigestes élucubrations, ils se trouvent le plus souvent en contradiction flagrante les uns avec les autres, et l'historien consciencieux éprouve quelque embarras, il faut en convenir, à rétablir l'accord là où règne une si désespérante complication d'oppositions tenaces.

Que d'écrivains, aussi lourds que patients dans leurs investigations minutieuses mais fatigantes, ont compendieusement disserté sur la barbe! Mais ils manquent généralement de précision et d'exactitude. De plus, ils sont ennuyeux au premier chef. Il semble pourtant qu'en traitant un pareil sujet, ils auraient dû rire dans leur barbe. Malheureusement, ils se sont privés de cette hilarité, que leurs lecteurs auraient sans doute été heureux de partager.

On a vu des historiens manquer de cheveux : en revanche, les cheveux n'ont pas manqué d'historiens. Mais de même qu'il y a des cheveux postiches, il y a des historiens trompeurs, et nous avons à regretter que ceux qui ont choisi les cheveux pour objet spécial de leurs commentaires les aient accommodés disgracieusement et avec la plus rebutante pédanterie, au lieu d'y semer, comme une poudre d'or, les hypothèses ingénieuses de la science, et, comme des perles fines, les gaietés originales de l'esprit. Certes, les cheveux valent qu'on les soigne dans un livre aussi bien que sur nos têtes : ce sont eux qui protégent le siége même de la pensée; eux qui sont le signe visible de notre supériorité physique et morale, puisque de toutes les créatures qui peuplent le globe, nous sommes les seuls qui ayons été armés de ces soyeux filaments; eux enfin qui sont la partie de notre corps qui se rapproche le plus du ciel et qui le plus directement y aspire : de sorte qu'en variant un peu le mot du poëte latin, nous avons le droit de nous écrier, non sans une certaine fierté :- *Comam homini sublimem dedit !* Dieu donne à l'homme une chevelure sublime !

A côté des savants ou soi-disant tels, qui se sont occupés des cheveux avec un rare désintéressement et un intérêt vraiment touchant et paternel, bien que beaucoup d'entre eux fussent chauves, se placent les panégyristes, peut-être plus suspects de partialité, qui ont donné tous leurs soins aux perruques. Leur verve s'est exercée quelquefois avec bonheur, et ils ont su à propos déroger à la gravité que, pour des esprits moins distingués que les leurs, un sujet si solennel aurait paru devoir comporter. Quelques-uns ont fait preuve d'une remarquable perspicacité en travaillant cette matière si embrouillée. Toutefois, nous supposons que ceux qui faisaient usage en public de l'objet de leurs études se dépouillaient, au fond de leur cabinet, de ce spécimen embarrassant, pour le décrire plus à l'aise. Quel moyen, je vous prie, de se jouer en un style badin, quand on a la tête affublée d'une pesante toison de cheveux laborieusement frisés? Quoi qu'il en soit, nous avons des grâces à leur rendre, car ils ont plus agréablement, sinon plus infailliblement, composé leurs gloses, que leurs confrères voués à la barbe et à la chevelure naturelle.

Néanmoins, nous le répétons, la confusion, l'obscurité, l'incertitude, les suppositions risquées, les assertions erronées, les autorités les plus contradictoires, voilà ce que l'on rencontre à chaque pas dans ce dédale de textes écrits à des époques différentes et sous l'empire de préoccupations diverses. Faire sortir d'un pareil chaos l'unité est une tâche malaisée et certainement méritoire : pour y parvenir, il faut véritablement être né coiffé ! Nous nous efforcerons d'atteindre le but, en nous dégageant le plus adroitement qu'il sera possible des broussailles inextricables de cette érudition, qui est bien la plus chevelue qu'on ait jamais emmêlée. Si nous paraissons encore trop pédant à nos lecteurs, nous les supplions de se dire qu'il était difficile de le moins paraître dans un ouvrage où nulle affirmation n'a de valeur si elle n'est appuyée de citations recommandables, telles que sont celles des Thiers, des Molé, des Nicolaï, etc. Et ne serait-ce pas ici une bien belle occasion (si l'occasion n'était chauve!), de nous approprier l'invocation qu'au début d'une carrière semblable à celle que nous allons parcourir, le docteur Akerlio formulait en ces termes : « O toi, modèle infatigable des compilateurs, docte Matanasius! daigne m'ouvrir un instant les trésors de ta science. Mais, en faveur de l'ignorance aimable que le faste du commentaire pourrait effaroucher, permets, si tu le peux, à ton disciple, de cacher sous quelques fleurs les épines de l'érudition ! »

Qu'on ne croie pas, quel que soit le ton des écrivains comophiles et pogonophiles, que l'objet de ce livre soit entièrement frivole et indigne d'occuper les loisirs d'un homme sérieux. On se tromperait si on rejetait comme futile le développement d'un sujet qui, loin d'être insignifiant, touche aux plus graves questions de l'histoire et confine aux problèmes les plus ardus et les plus curieux de l'archéologie. En ce qui concerne la barbe, il ne peut y avoir rien de puéril. Rien non plus n'est à dédaigner de ce qui sert à faire connaître les mœurs, les habitudes, les goûts et les costumes de nos pères. D'ailleurs, notre livre intéressera les Barbiers, les Coiffeurs, les Perruquiers et les Savants : du moins, nous l'espérons. Or, des recherches qui peuvent plaire et être utiles à quatre professions si estimables ne sont pas absolument dépourvues d'importance. Ce sera donc sérieusement, quoiqu'en souriant (il faut toujours sourire), que nous présenterons ces choses sérieuses.

Nous nous attacherons d'abord à la partie purement historique de la coiffure et de la barbe ; réservant, pour la fin, les généralités communes à toutes les époques et à tous les peuples.

La division de ce travail sera simple et naturelle. Nous suivrons l'ordre chronologique et l'ordre ethnologique en même temps, et nous les ferons concorder avec cette triple subdivision : Barbe, — Cheveux, — Perruques. Nous commencerons par la barbe, parce qu'il est de mode depuis la création de ce monde sublunaire de flatter le pouvoir sous toutes ses formes et en quelque endroit qu'on le rencontre. Nous nous fondons, au cas particulier dont il s'agit, sur le vers si connu de Molière :

Du côté de la barbe est la toute-puissance.

Nous n'userons pas les ressources de notre dialectique à prouver que l'usage de porter la barbe remonte ou ne remonte pas jusqu'à la création du premier homme. Nous soutiendrions là une proposition assurément superflue. Autant vaudrait entasser arguments sur arguments pour démontrer que le premier animal de notre espèce a été mis sur la terre avec des yeux, une bouche, des membres, etc. Cependant cette question, si toutefois ce peut en être une, a préoccupé les érudits, qui se préoccupent de tout, même des choses les moins contestables. Des discussions en règle et fort sérieuses quant à la forme se sont engagées sur ce terrain. Adam était-il ou n'était-il pas barbu ? Grave problème ! Van Helmont a poussé la témérité jusqu'à avancer, comme un fait positif, qu'il avait été créé sans barbe. Peut-être, ne lui poussa-t-elle plus tard que comme punition de sa désobéissance à Dieu, et ses descendants n'ont-ils à voir dans le poil qui leur ombrage le menton qu'un résultat du péché originel, et ce prétendu signe de la force n'est-il que le témoignage humiliant d'une faiblesse. A ce compte, les imberbes seraient les plus purs et les plus immaculés des hommes. L'Italien J.-V. Vannetti, dans sa *Barbalogie*, ou dissertation sur la barbe, imprimée à Roveredo en 1760, a protesté, avec une fougueuse énergie et une conviction puisée nous ne savons où, contre les outrecuidantes opinions de Van Helmont. Il a rendu à Adam l'apanage de la virilité tout entier. « Le Père du genre humain, dit-il, eut une barbe, dès le premier instant de son existence. Tous les hommes avant le déluge en avaient aussi. » Nous ne demandons pas mieux que de le croire. Mais si, depuis cette époque trop reculée pour que nous nous fassions juges, beaucoup d'hommes ont été privés de cette distinction primitivement universelle, est-ce au déluge qu'ils ont dû attribuer ce désagrément? Vannetti a oublié de nous renseigner sur ce point intéressant.

Ce qu'il y a de certain, c'est que dans les vieux tableaux et dans les anciennes tapisseries, Abraham, Isaac, Jacob et tous les patriarches sont représentés portant, à l'exemple du Père éternel, de longues barbes plus ou moins blanches. Ces barbes qui, dans certaines peintures du dernier siècle, descendent quelquefois plus bas que la ceinture, ont fait dire à nous ne savons quel railleur qu'elles étaient très-avantageuses aux peintres en ce qu'elles faisaient plus de la moitié de leur ouvrage. On ne peut contester, du reste, que la barbe ait été en honneur chez les Hébreux, à moins de récuser l'autorité de l'Ancien Testament, dont beaucoup de passages attestent le prix qu'ils y attachaient. Ils la portaient fort longue, mais au menton seulement. Leurs joues et leur lèvre supérieure étaient dégarnies totalement. Moïse leur avait défendu expressément de se raser et même de rogner la pointe de leur barbe, à la manière des Égyptiens. Le livre des *Nombres* nous apprend que, le jour de leur consécration, les lévites, après avoir pris un bain et avoir purifié leur corps et leurs habits, se rasaient tous les poils du corps, dont ils faisaient à Dieu le sacrifice. Nous voyons dans le *Lévitique* que lorsqu'un lépreux était parvenu à se guérir, il se rasait complétement par tout le corps, et rentrait dans la ville ou dans le camp après s'être baigné; sept jours après, il se baignait et se rasait de nouveau : ces conditions préalables étaient nécessaires pour qu'il fût admis à offrir les sacrifices qui accomplissaient définitivement sa purification. Il ne paraît pas que l'usage des rasoirs ait été connu des Israélites, du moins du temps de Moïse. Le mot qui en hébreu signifie *se faire la barbe* signifie également *tondre les brebis*. Dans l'Écriture, le même terme est employé pour exprimer la *tonsure* de la tête et la *tondaille* des bêtes à laine. D'où on peut raisonnablement conclure que le même instrument servait à raser la barbe, à couper les cheveux et à tondre les moutons, et que cet instrument était, selon toute vraisemblance, des ciseaux. Il est à croire que les Cananéens, ainsi que les autres peuples de la Palestine et des pays circonvoisins, portaient la barbe longue, comme les Hébreux. Une anecdote rapportée dans le livre des *Rois* et les *Paralipomènes* prouve que les Ammonites étaient barbus, puisqu'ils regardaient l'attentat à la barbe comme la plus grave insulte qu'on pût faire à l'homme qui la portait. David, ayant envoyé des ambassadeurs à Hanon leur roi, celui-ci les fit raser pour leur signifier son mépris. David envoya ses ambassadeurs humiliés à Jéricho pour y cacher leur mésaventure et attendre que leur barbe eût repoussé, et il fit à Hanon une guerre acharnée pour se venger de l'affront qu'il avait reçu dans la personne de ceux qui le représentaient. Les Hébreux ne se rasaient jamais qu'en signe de deuil et d'affliction. Isaïe et Jérémie nous font connaître que les Moabites ne se coupaient la barbe qu'en pareille circonstance. Le même usage régnait d'ailleurs chez les Babyloniens et, selon Strabon, chez les Assyriens. Tous ces peuples jugeaient leurs barbes très-précieuses, et quand les prophètes les menaçaient au nom du Seigneur, ils ne trouvaient pas de meilleur moyen d'intimidation que de leur annoncer que Dieu ferait tomber à la fois leurs cheveux et leur barbe : *Super Nabo et super Medaba, Moab ululavit; in cunctis capitibus ejus calvitium et omnis barba radetur.* (Isaïe, xv, 2.)

Dans l'antiquité, la barbe, comme toutes les choses qui dépendent du caprice de l'homme, eut à subir de nombreuses vicissitudes. Toutefois, elle fut généralement plus en vogue que les mentons ras. Elle fut presque toujours florissante chez les Grecs. Mais laissons un moment la parole à dom Frangé, qui a groupé la plupart des renseignements qu'il nous est possible d'avoir sur ce point : « La barbe de Socrate était si fameuse que Perse le nomme *pédagogue barbu;* Anacréon nous apprend qu'il l'avait belle et bien entretenue. Plutarque parle d'un certain Archibiade qui nourrissait une barbe d'une grandeur énorme. Le même rapporte ce bon mot d'un Lacédémonien à qui on demandait pourquoi il portait une si longue barbe : « C'est afin, dit-il, qu'en voyant cette barbe blanchie par » le temps, je me souvienne de ne rien faire qui soit indigne d'elle et qui dés- » honore ma vieillesse. » Un autre, étant interrogé pourquoi les Lacédémoniens avaient tant de soin de leurs cheveux et de leur barbe : « C'est, répondit-il, parce » que c'est là le plus bel ornement qui soit propre à l'homme et qui lui coûte le » moins. » Ce qu'il ne faut entendre néanmoins que de la barbe qui est à la lèvre inférieure; car, toutes les années, ajoute Plutarque, les Éphores, au commencement de leur magistrature, ordonnaient que chacun se rasât au-dessus de la lèvre supérieure. Ce qui fait voir que le reste du menton était barbu. Un ancien poëte comique, voulant se railler d'un Lacédémonien qui avait une très-longue barbe, disait qu'il était tout barbe. (*Plato comicus, in Legatis.*) Cette coutume de se raser la lèvre supérieure s'observa assez longtemps à Lacédémone, jusqu'à ce que le luxe et la mollesse s'étant introduits chez ces républicains, non-seulement ils se rasèrent tous le menton, mais aussi toutes les autres parties du corps. C'est le reproche que leur fait Apollonius de Tyane dans une lettre qu'il leur écrivit. Athénée remarque que ce ne fut que du temps d'Alexandre-le-Grand que l'on commença à se raser la barbe en Grèce, et que celui qui le premier se la fit couper à Athènes fut appelé κορσης (*corsé*), c'est-à-dire *tondu.*

Il y a néanmoins apparence qu'Athénée, ou plutôt Chrysippe, de qui Athénée avait pris ce qu'il dit à ce sujet dans son xiii° livre des Dipnosophistes, que Chrysippe, dis-je, ne parle que du peuple et d'un usage général, ou d'Athènes en particulier; car, non-seulement Alexandre, mais Philippe son père, Amynthas et Archélaüs, rois de Macédoine longtemps avant lui, sont représentés sans barbe sur leurs médailles. Quoi qu'il en soit, toujours est-il certain que les soldats qui composaient l'armée d'Alexandre dans son expédition contre les Perses, Macédoniens et autres, portaient de la barbe, puisque ce conquérant, avant la bataille d'Arbelle, commanda à toutes ses troupes de se couper la barbe et les cheveux, pour ne donner aucune prise aux ennemis, qui auraient pu les prendre par là et les terrasser, surtout dans un combat qui se donnait de proche en proche. On peut donc assurer que c'est au temps d'Alexandre que l'on peut fixer l'époque de l'usage de se couper la barbe dans la Grèce, c'est-à-dire que dès lors on commença seulement à la rogner et à ne la plus porter si longue. Car il ne faut pas croire que l'on en soit venu tout d'un coup à se raser de tout près, comme il se pratique à présent. C'est ce que l'on peut inférer des paroles suivantes de Dion Chrysostome : *Barbarum primùm inventa est tonsura, et videbatur moderatum esse ne valdè promitterentur : neque nimiùm, sed leniter corrigeretur natura, videbatur multis strenuus; deindè vadebant usque ad genas.* Par où l'on voit que l'on se contenta alors de ne point porter des barbes si longues, et c'est peut-être là le sens que l'on doit donner au passage d'Athénée, cité plus haut. » Plus loin, dom Frangé ajoute : « Je remarquerai en passant que les anciens, pour exprimer une longue barbe, se servaient d'un mot grec qui signifie la *profondeur de la barbe*. Un ancien poëte comique grec dit : *Pogonos baté*, des profondeurs de la barbe. Lucien, parlant de la barbe d'un philosophe, dit : *Pogon batus, in bis accusat;* et ailleurs, parlant du dieu Pan, il l'appelle d'un seul mot : *Batupogon.* De même pour Bacchus. » L'abbé Barthélemy dit qu'on voyait à Athènes des gens qui outraient l'élégance attique et d'autres la simplicité spartiate : que les premiers avaient soin de se raser souvent; mais que les seconds, qui affectaient les mœurs lacédémoniennes, se faisaient remarquer par une longue barbe et des cheveux tombant confusément sur leurs épaules. Il semble que les Grecs aient préféré les barbes blondes, surtout celles de ce jaune qui est particulier au miel et aux épis dorés par le soleil. Théocrite, dans une de ses idylles, vante les barbes de Delphis et d'Eudamippe, *plus belles et plus blondes que l'élichryse :*

Τοῖς δὴν ξανθοτέρα μὲν ἐλιχρύσοιο γενειὰς.

L'élichryse est une fleur d'un jaune d'or (*flava*) qui croît dans les marais.

La barbe, et même la barbe longue, fut en très-grand honneur chez les premiers Romains. Plus tard, il est vrai, à Rome, comme en Grèce, dont la nouvelle maîtresse du monde copiait assez servilement les usages, elle eut une singulière alternative de triomphes et de défaites. Les témoignages abondent pour prouver que, dans les premiers siècles de la république romaine, les habitants de l'ancien Latium et de l'Étrurie laissaient croître leur barbe et ne la coupaient jamais. Tite-Live le dit positivement. Varron fait remarquer, de son côté, qu'il suffit de jeter les yeux sur les plus anciennes statues étrusques et romaines pour s'assurer que les peuples dont nous parlons conservaient précieusement leur barbe entière. *Olim tonsores,* dit-il au livre II de la *Vie rustique, non fuisse adsignificant antiquorum statuæ, quod pleræque habent capillum et magnam barbam.* Si l'on trouve quelques-unes de ces statues dépourvues de barbe, c'est qu'elles appartiennent à une époque postérieure. Tite-Live vient encore une fois corroborer ces observations, quand il raconte la conduite héroïque de ces quatre-vingts sénateurs qui n'opposèrent que la majestueuse dignité de leur attitude aux cohortes gauloises qui envahirent Rome en l'an 363. On sait que ces vénérables vieillards, revêtus des insignes de leur suprême dignité, et ne portant pour toute arme que le bâton d'ivoire du commandement, se firent porter au milieu du Forum, et là, tranquillement assis dans leurs chaises curules, attendirent silencieux, immobiles, et le visage empreint d'une sérénité divine, qu'il plût aux Gaulois de venir les immoler. Les barbares, frappés d'un spectacle si sublime et si nouveau pour eux, les prirent pour des divinités protectrices de Rome. Ils s'arrêtèrent devant eux, saisis de respect et de crainte, et ils les auraient sans doute épargnés, si un de leurs compagnons, plus audacieux que les autres, n'eût passé la main sur la barbe de Marcus Papirius, qui la portait fort longue, ainsi que tous ses contemporains (*ut tunc omnibus promissa erat*). Papirius, irrité de cet outrage, frappa durement le Gaulois avec le bâton qu'il tenait à la main, et donna ainsi le signal d'un massacre général.

Ce ne fut qu'en l'an de Rome 454 que commence à s'établir parmi les Romains la mode de se raser. Un Sicilien, du nom de Ticinius Ménas, introduisit cette mode à Rome; et pour être plus sûr de la faire adopter, il eut soin d'amener avec lui une troupe de barbiers habiles, à ce que raconte Varron. Toutes les innovations avaient le droit d'essai chez ce peuple essentiellement inconstant dans ses habitudes : celle-ci prévalut donc, non sans transition toutefois. Il paraît que, dans les commencements, on ne se rasa pas entièrement jusqu'à la peau : on se contenta de tailler et de rogner la barbe; puis, on la raccourcit peu à peu, tant et si bien qu'on finit par l'abattre tout à fait. Ce fut Scipion l'Africain qui le premier donna l'exemple de se raser tous les jours. Il eut presque aussitôt de nombreux imitateurs, et peu de temps après, la barbe était vaincue : on ne voyait plus à Rome que mentons sans barbe. Aulu-Gelle nous apprend que des reproches furent adressés à Scipion, parce qu'étant obligé de comparaître au tribunal de Claudius Azellius, tribun du peuple, il ne laissa pas, dans cette occasion, repousser sa barbe, par respect pour la justice. On voit qu'il tenait fortement à la nouveauté qu'il avait, pour une si grande part, contribué à propager, et qui fut dès lors assez constamment suivie à Rome et dans tout l'empire romain. Du reste, si l'on ne se rasait pas avant l'âge de vingt et un ans, on se rasait toujours après celui de quarante-neuf ans. Pline même prétend que, passé cet âge, il n'était plus permis à aucun citoyen de porter la barbe longue. Nous inclinerions volontiers à croire cependant qu'une loi expresse ne réglait pas ce détail, et que la coquetterie, ordinaire chez les hommes tout autant pour le moins que chez les femmes, avait seule fait adopter cette coutume. Ne conçoit-on pas aisément que les hommes de quarante-neuf ans aient éprouvé le besoin de se mentir à eux-mêmes en dissimulant les outrages du temps ? Or, quel meilleur moyen de rajeunissement, que de se rafraîchir le visage en le débarrassant des poils qui donnent si souvent à la physionomie quelque chose de vieux et de rude ? Pour n'avoir pas l'air rébarbatif, les Romains se rasaient : le remède était tout simple. Nous sommes d'autant mieux fondés à le croire, que le législateur n'était pour rien dans cette mesure et qu'elle était purement facultative, car les statues de Scipion, ainsi que ses bustes en marbre ou en basalte, sont absolument imberbes, bien que les unes le représentent dans l'âge viril et les autres dans la vieillesse. Or, de bonne foi, le héros des guerres puniques, tout couvert de gloire qu'il était, aurait-il osé, dans ces temps encore rigides où la loi parlait si haut, se mettre au-dessus d'elle et la violer tous les jours publiquement? Ce n'est pas à supposer. Cette coutume de se couper la barbe à âge fixe présentait cet inconvénient, qu'elle servait à constater le nombre des années d'un homme par la seule inspection de son menton. On ne disait pas : « Un tel a plus de quarante-neuf ans; » mais simplement : «Un tel ne porte plus la barbe; » de sorte que, tout en se rajeunissant extérieurement, on accusait malgré soi l'approche de la vieillesse, ce qui ne laissait pas que d'être gênant pour ceux dont les prétentions ne s'étaient pas évanouies avec les jeunes années. Mais, au moins, on n'avait pas le droit de les appeler des barbons. C'était aux jeunes gens qu'on pouvait adresser cette qualification :

> . . . . Sergiolus jam radere guttur
> Cœperat,

dit Juvénal dans l'une de ses satires : « Sergiolus s'était déjà rasé, » c'est-à-dire : il commençait à vieillir. « Quand l'usage de se raser fut apporté de la Sicile, dit un commentateur à propos de ce vers, il y eut deux manières de le faire. Les jeunes gens d'abord laissaient croître leur poil jusqu'à l'âge de vingt et un ans, auquel ils se rasaient pour la première fois. De cet âge jusqu'à quarante-neuf ans, ils ne coupaient leur barbe qu'en interposant un peigne entre la peau et le rasoir ou les ciseaux, ce qu'on appelait *tondere* (tondre), et c'est la première manière. A quarante-neuf ans, ils commençaient à se raser jusqu'à la peau, comme nous actuellement, d'où le mot *radere* (raser). Ainsi, le vers *Jam radere guttur cœperat* veut dire que ce gladiateur, déjà sur le retour, *non tondebat*, ne tondait pas sa barbe comme on tond la laine des brebis, mais la rasait (*radebat*) jusqu'à la peau; ou, en d'autres termes, qu'il n'était plus jeune. » Un autre vers du même poëte donne lieu à une explication qui trouve ici sa place naturelle : « Ce barbier qui dans ma jeunesse me délivrait d'une barbe importune. »

Quo tondente gravis juveni mihi barba sonabat.

Commentaire : « Il ne s'agit pas ici de rasoir, comme on le croit vulgairement, mais de pinces avec lesquelles on arrachait la première barbe. *Sonabat* exprime le bruit que faisaient ces pinces, lorsqu'on s'en servait. »

Quoique la mode de se raser fût devenue générale sous les premiers empereurs, les poëtes satiriques ne manquèrent pas de la blâmer et d'en faire un texte à railleries. Ils représentent les hommes sans barbe, comme des efféminés qui abjurent toute pudeur en sacrifiant au goût du jour le mâle ornement de leur visage. Quand Juvénal parle de mentons rasés, c'est toujours en mauvaise part; de son temps, les domestiques et les esclaves étaient les seuls qui n'eussent pas le droit de se raser : une loi spéciale le leur défendait sous des peines sévères. Ainsi, la barbe, jadis si honorée, cette barbe pour la dignité de laquelle le sénateur Papirius avait autrefois donné sa vie, non-seulement elle n'était plus l'objet d'aucun respect, mais elle était devenue le signe flétrissant de la servitude.

J. César, Auguste, Tibère, Caligula, Claude, Néron, Galba, Vitellius, Vespasien, Titus, Domitien, Nerva, Trajan, tous avaient abdiqué la barbe. « Othon, dit Suétone, se rasait tous les jours la figure avec beaucoup de soin, et se la frottait avec du pain détrempé, habitude qu'il avait contractée dès l'âge de puberté, afin de ne jamais avoir de barbe. » On comprend que, sous les règnes de tous ces empereurs à menton lisse, la barbe ne put reprendre faveur parmi le peuple, qui choisit toujours ses maîtres pour modèles. Ce fut l'empereur Adrien qui la releva de cette disgrâce. Il laissa croître la sienne pour dissimuler des taches ou des cicatrices qui le défiguraient. Tout le temps qu'il vécut, il la porta très-longue, comme il est facile de s'en assurer en regardant ses médailles, et notamment celle qui se trouve dans les Remarques sur les *Césars de l'empereur Julien*, par Spanheim : la face représente Adrien barbu, et le revers, le bel Antinoüs, son favori. « Les successeurs d'Adrien, lisons-nous dans l'*Histoire de la Barbe* de dom Frangé, se firent représenter, à son exemple, avec de longues barbes. Marc-Aurèle est ordinairement représenté sur ses médailles avec une barbe assez longue. Il en faut néanmoins excepter ceux des empereurs, successeurs d'Adrien, qui donnèrent dans la mollesse et voulurent imiter le faste et les mœurs des Syriens, qui détestaient et méprisaient les longues barbes. Tels furent Lucius Verus et Caracalla. Ce dernier, au rapport de Dion Cassius, se faisait raser de tout près, à l'exemple de ceux d'Antioche.

Antiochiœ luxuriei se dabat in tantum ut et barbam tenuaret. Héliogabale en faisait de même. L'empereur Macrin, au contraire, affectant un air sévère, et voulant passer pour un second Marc-Aurèle, portait une longue barbe, même aux yeux de ceux d'Antioche. »

L'empereur Julien affectait philosophiquement de porter une longue barbe; ce qui lui fit donner, selon Ammien, par les courtisans de l'empereur Constance, le surnom de *Capella* (chèvre). Saint Grégoire de Nazianze, qui ne l'a pas flatté dans le portrait qu'il nous en a laissé, le dépeint « la bouche grande, la lèvre d'en bas pendante, la barbe pointue et hérissée : » (*hirsuta barba in acutum desinente*), barbe inculte terminée en pointe, répète à son tour Ammien Marcellin. Pendant sept mois qu'il habita Antioche, Julien y fut continuellement en butte aux traits satiriques et quelquefois aux injures de la multitude. Ce fut à cette occasion qu'il composa son *Misopogon*, boutade pleine d'esprit, de sel et de bon goût, dirigée contre les Antiochiens. Cette innocente et ingénieuse vengeance fut la seule qu'il en tira, lui, le maître d'une partie du monde et le souverain arbitre des destinées de ses détracteurs. Le *Misopogon*, fruit d'une ou de deux veillées de l'auteur, a surtout cela de piquant, qu'il offre le contraste des mœurs de Julien avec celles du peuple d'Antioche. Le titre de *Misopogon*, ou *Ennemi de la barbe*, convient parfaitement à cette excellente facétie, dans laquelle il fait une perpétuelle allusion à l'aversion que la mollesse des Antiochiens et leurs mœurs efféminées leur inspiraient pour les philosophes à longue barbe. Or, Julien qui, avant toutes choses, se piquait de philosophie, tenait à la barbe presque autant qu'à l'empire. Aussi, rejetait-il avec un souverain mépris, et en s'en moquant le mieux du monde, les conseils que lui donnaient les Antiochiens, « dans de jolis vers anapestes, de livrer au rasoir cette barbe qui lui offusquait le visage. » Voici le passage du *Misopogon* qui se rapporte le plus directement à notre sujet : « Je commence par mon visage : il n'avait rien d'agréable, ni de noble, ni de bon; mais, moi, morose et bizarre, je lui ai ajouté cette longue barbe pour lui infliger une peine à cause de son air disgracieux. Dans cette barbe épaisse se promènent peut-être de petits insectes, comme font d'autres bêtes dans une forêt. Je les y laisse libres. Elle m'oblige de manger et de boire avec une extrême circonspection; je la brouterais infailliblement si je n'étais sur mes gardes. Par bonheur aussi, je ne me soucie ni de donner ni de recevoir des baisers; car une telle barbe a cela d'incommode encore, qu'elle ne permet pas d'appliquer lèvre contre lèvre, et qu'elle ôte ainsi au baiser ce qu'y trouve de plus voluptueux le poëte favori de Pan et de Calliope (*Théocrite*). Vous dites qu'on pourrait tresser des cordes avec ma barbe? mettez-la en œuvre; je consens de tout mon cœur que vous en arrachiez les brins; prenez garde seulement que leur rudesse n'écorche vos mains molles et délicates. De bonne foi, pensez-vous me chagriner par vos plaisanteries? Ne voyez-vous pas qu'elles me plaisent et que je les cherche? Car enfin, si mon menton est comme celui d'un bouc, il me serait facile, en le rasant, de le rendre semblable à celui d'un beau garçon ou d'une jeune fille, sur qui la nature a répandu sa grâce et sa beauté. Mais, vous autres, de vie efféminée et de mœurs puériles, jusque dans la vieillesse vous tâchez de ressembler à vos enfants. Par un raffinement de délicatesse, vous entretenez sur votre visage une jeunesse éternelle. Ce n'est pas, comme chez moi, aux joues, mais aux traits du visage, que l'homme se fait reconnaître. Je ne me contente pas de laisser croître ma barbe : ma tête est sale; rarement je la fais tondre. C'est à peine si je me coupe quelquefois les ongles, et l'on s'aperçoit à mes doigts noircis que je tiens souvent la plume. Voulez-vous savoir quelque particularité secrète? Ma poitrine est horrible, velue, hérissée comme celle du lion, roi des animaux; je n'ai jamais voulu la peler : il ne m'a jamais convenu d'emprunter les secours de l'art pour la mettre à la mode. J'ai toujours eu le travers et la petitesse de conserver tout ce que m'a donné la nature. Si j'avais la moindre difformité, je ne vous en ferais pas mystère; franchement, je vous dirais tout, quand j'aurais même un poireau comme Cimon. » La Bletterie, qui a traduit avec une certaine élégance le *Misopogon*, penche à croire que, dans cette vive satire, Julien calomnie sa barbe. Chateaubriand le pense aussi : « Il est probable, dit-il, qu'il répétait les railleries des Antiochiens, ou qu'enchérissant lui-même sur ces railleries, il exagérait ses défauts pour tomber de plus haut sur les vices contraires de ses détracteurs. Nous voyons Julien se baigner dans une maison de campagne, se faire couper les cheveux en arrivant à Constantinople, cela n'annonce pas un homme si indifférent du soin de sa personne. » Les successeurs de Julien ne profitèrent pas de son exemple, pour laisser croître leur barbe. Ce ne fut guère qu'à l'époque de la séparation définitive de l'empire d'Orient, que les mentons reprirent leur parure. L'usage n'en était pas encore rétabli du temps de Justinien, qui se fit toujours raser. « Depuis ce temps-là, dit dom Frangé, la mode prévalut chez les Grecs et les autres Orientaux de porter la barbe longue, qu'ils cultivaient avec grand soin, au rapport de Guillaume de Tyr, qui ajoute qu'ils regardaient comme le plus grand affront, que quelqu'un s'avisât de leur en arracher seulement un poil. L'empereur Héraclius fut le premier qui fit renaître les grandes barbes, comme il paraît par ses médailles, qui le représentent avec une barbe très-longue, et tous les empereurs grecs l'ont portée depuis. Il y a eu, après ce prince, des empereurs de Constantinople, à qui la grandeur de leur barbe a fait donner le surnom de *pogonatus*, c'est-à-dire barbu. On peut voir les médailles des empereurs Constance et Constantin Pogonas, tous deux de la famille de l'empereur Héraclius. Celle du premier surtout est remarquable par la grandeur de sa barbe. »

Nous avons vu qu'à Rome et en Grèce l'usage de se raser avait, à diverses reprises, exclusivement prévalu. Néanmoins, les philosophes s'insurgèrent toujours contre cette mode tyrannique et humiliante. Ils se distinguèrent par de longues barbes, et c'est à ce signe qu'on s'était accoutumé à les reconnaître. Les domestiques, les esclaves et les philosophes, voilà donc ceux au menton desquels l'art n'avait point outragé la nature ! Les philosophes et ceux qui aspiraient à le devenir ne voulaient point, en se rasant, avoir l'air de rougir d'être hommes, selon le mot de Diogène, qui, prêchant d'exemple, portait une barbe fort mal peignée ou pas du tout peignée. L'homme étant naturellement barbu, ils croyaient avec raison qu'ils ne devaient pas réformer l'œuvre du Créateur pour se conformer au goût capricieux de leurs contemporains. De plus, il était fort légitime à eux de conserver avec soin ce qui avait été de tout temps la marque distinctive de leur profession. Il n'y a donc pas lieu de s'associer à l'étonnement de Molé, qui dit dans la préface de ses *Révolutions du costume* : « Il est bien singulier que, dans presque tous les temps, ceux qui ont aspiré au titre fastueux de *philosophes*, se soient fait un plaisir de décrier les modes qui régnaient parmi leurs concitoyens. Quoi de plus original, par exemple, que la passion des prétendus sages de l'antiquité pour les longues barbes, et leur antipathie pour les belles chevelures? » Nous ne voyons là-dedans, quant à nous, absolument rien d'assez original ni d'assez singulier pour qu'on se récrie. Cependant, il est très-vrai que même les satiriques anciens se sont égayés aux dépens de ces pauvres philosophes barbifères. Lucien raille, en plusieurs endroits, et fort agréablement, ceux de son temps qui tâchaient de se surpasser les uns les autres par la longueur de leurs barbes, et il nous présente un savant qui, aspirant à une chaire de professeur de philosophie, fut déclaré incapable et mis hors de concours, parce qu'il avait... la barbe trop courte ! Elien rapporte que ce fameux Zoïle, qui prétendait relever les fautes d'Homère et de Platon, et qui se regardait comme plus habile que tous les critiques, ses devanciers, portait une longue barbe qui lui descendait sur la poitrine, et avait la tête rase. « Il craignait sans doute, dit un pogonographe, que ses cheveux ne fussent comme autant de rejetons qui auraient pu s'attirer, s'il les avait laissés croître, tout le suc de sa barbe, et par ce moyen la dégarnir. » Ménédème de Lampsaque, qui se faisait remarquer par l'affectation de ses allures, n'avait garde de faire exception à la coutume de ses confrères : il les rendait même jaloux par la luxuriance d'une barbe magistrale qui lui descendait à la ceinture. Le magicien Mithrobarzane se distinguait aussi par sa barbe plantureuse, qui lui permettait de formuler avec une autorité suffisante ses préceptes inspirés par ceux de Zoroastre.

Perse appelle Socrate lui-même le *Maître barbu* :

> Barbatum hoc crede magistrum
> Dicere . . .

Au dire de Strabon et de Diodore de Sicile, les gymnosophistes, philosophes indiens, nourrissaient des barbes d'une longueur démesurée. Pline le jeune parle d'un philosophe syrien, nommé Euphrate, que recommandaient la longueur et la blancheur de sa barbe.

La barbe du stoïcien Chrysippe était convenablement longue. Nous ferons remarquer, à propos de ce personnage, que les philosophes du Portique étaient les plus barbus. Ces sages, qui professaient, comme on sait, l'attachement le plus exclusif à la vertu et le plus superbe mépris pour toute autre chose, n'en faisaient pas moins le plus grand cas de l'appendice pileux de leur menton. Ils se croyaient d'autant plus philosophes que leur barbe était plus longue. Horace, dans sa troisième satire, raille assez plaisamment un certain Licinius Damasippus, sénateur et philosophe de l'école de Zénon. Le poëte, après avoir écouté avec un grand sérieux et le plus attentivement du monde les hautes leçons que vient lui donner le grave Licinius, ne trouve rien de mieux, pour l'indemniser de sa peine, que de lui souhaiter un bon barbier :

> Dii, te Damasippe, deæque,
> Verum ob consilium, donent tonsore !

Plus loin, il lui fait dire à lui-même que la longue barbe est le véritable caractère de la sagesse : *Barbam sapientem.* Les stoïciens devinrent plus tard des objets de risée. A Rome, ils tombèrent en un tel mépris que, dans les rues où ils passaient, les enfants couraient après eux, les injuriaient, leur jetaient des pierres, et pour mettre à l'épreuve la patience dont ils se vantaient, leur arrachaient des poils de la barbe. Horace le dit positivement :

> . . . . . . Vellunt tibi barbam
> Lascivi pueri; quos tu, nisi fusce coërces,
> Urgeris turba circùm te stante.

On usait des mêmes procédés violents contre les philosophes cyniques, selon le témoignage de Perse :

> . . . . . . Multùm gaudere paratus,
> Si Cynico barbam petulans Nonaria vellat.

« Prêt à se réjouir si une courtisane folâtre arrache la barbe à un philosophe cynique. » C'est ce qui donna lieu à ce proverbe : *Vellere barbam alicui,* arracher la barbe à quelqu'un, pour exprimer le dernier mépris. Apulée accable de ses railleries les hommes qui laissaient croître leur barbe afin de se faire passer pour philosophes; il verse un flot d'ironie sur leur *barbe de bouc : Hircino barbitio philosophum mentitus.* Notre Ronsard a mis ce trait à profit :

> Si la grande barbe au menton
> Faisoit philosophe paroistre,
> Un bouc barbassé pourroit estre,
> Par ce moyen, quelque Platon.

Voulez-vous d'autres sarcasmes à l'adresse de ces inoffensifs barbigères? Les poëtes et les prosateurs de l'antiquité en ont tout un répertoire, de la richesse la plus variée. Ecoutez Hérode-Atticus, dans Aulu-Gelle : « J'aperçois bien, dit-il, la barbe et le manteau, mais je ne vois pas le philosophe. » Et Lactance : « Ils font bien voir que leur philosophie n'est pas la sagesse, puisque tout le mystère de cette philosophie ne consiste que dans la barbe et le manteau. » Nous avons déjà parlé plus haut de la dérision dont la barbe de Julien était l'objet de la part des Antiochiens, barbe qu'il n'entretenait si soigneusement que pour rendre visibles ses prétentions philosophiques, assez justifiées d'ailleurs. Il semble que son gouverneur lui ait, dès sa première jeunesse, inspiré pour l'avenir le goût de cette philosophique manifestation : « J'avais un gouverneur, dit-il, qui m'interdisait les théâtres et ne me permettrait d'y paraître que quand j'aurais la barbe plus longue que les cheveux. » Or, nous savons qu'alors les seuls philosophes portaient la barbe longue, et le gouverneur de Julien ne pouvait lui parler ainsi qu'en faisant de son élève un philosophe. Avant de terminer sur ce point, nous ferons observer, avec dom Frangé, « que les premiers philosophes laissaient croître leur barbe plutôt par mépris des ajustements du corps et par nonchalance, que par affectation. » Mais ce qui ne fut au commencement que l'accessoire, la suite et l'effet de leur philosophie, en devint bientôt le principal. Ce qui n'était d'abord qu'une marque accidentelle de leur sagesse fut presque la seule sagesse qui passa à leurs successeurs. Une longue barbe devint une bienséance essentielle à la gravité philosophique. Aussi, *barbam pascere*, nourrir sa barbe, fut-il un de leurs principaux préceptes. C'est aussi cette affectation puérile qui fit tomber les philosophes dans le mépris et leur attira les railleries piquantes que l'on fit contre eux.

De même que les philosophes furent, dans les républiques antiques, les seuls citoyens qui protestèrent toujours contre la suppression de la barbe, les eunuques furent, de leur côté, les seuls qui ne cessèrent jamais d'être tout naturellement et par force majeure dépourvus de ce privilége de la virilité. Les femmes, qui, dans ces siècles d'ingénieuse mais dégoûtante corruption, recherchaient les impuissantes caresses de ces hommes avilis, aimaient à effleurer de leurs lèvres délicates les mentons doux et lisses des castrats. Juvénal n'a pas manqué de stigmatiser ce vice, fort commun de son temps :

> Sunt quas eunuchi imbelles, ac mollia semper
> Oscula delectent, et desperatio barbæ.

« Les baisers des eunuques efféminés semblent à quelques femmes d'autant plus délicieux qu'elles n'appréhendent pas une barbe importune. » Le même poëte dit ailleurs de ceux qui subissaient la mutilation ou s'y soumettaient volontairement :

> Testiculos, postquam cœperunt esse bilibres,
> Tonsoris damno tantum rapit Heliodorus.

« Héliodore les opère, au seul préjudice du barbier... »

Nous avons dit que les anciens ont tantôt méprisé la barbe, et tantôt se sont
pris pour elles d'un goût exagéré. Nous devons ajouter qu'à toutes les époques
ils ont conservé à leurs dieux les barbes dont ils les avaient primitivement gra-
tifiés, par des motifs de convenance et de respect. Jupiter, en sa qualité de
maître suprême des dieux et des hommes, portait la plus longue barbe qui se
vit dans l'Olympe. Lucien le fait paraître, dans un de ses Dialogues, en habit et
avec la barbe de philosophe. Apollon était adoré à Hiéraple, en Phrygie, sous
la figure d'un homme à barbe majestueuse. Les Syriens l'adoraient sous la même
forme, « quoique ordinairement, dit Lucien dans son *Traité de la déesse syrienne,*
on le représentât avec l'extérieur d'un jeune garçon à qui la barbe commence à
naître. » Esculape n'était pas plus imberbe que les autres immortels; il était
même sous ce rapport le plus richement doté, puisque à Epidaure, où il était l'objet d'un culte particulier, on lui donnait une magnifique barbe toute d'or. Denys
le Tyran le dépouilla de ce luxueux attribut, sous prétexte qu'il n'était pas
convenable que le fils portât de la barbe, quand le père en était dénué. Bacchus
est le plus souvent représenté sous les traits d'un beau jeune homme au menton
frais et lisse; cependant il a passé aussi pour un dieu barbu. Dans certains
monuments antiques, son image est celle d'un homme à qui ne manque rien
des dehors virils. On peut voir, dans le livre de Spanheim, sur les *Césars* de Julien, deux médailles à l'effigie de Bacchus. Dans l'une, qui a été frappée à Nicée,
en Bithynie, et qui sert de revers à une tête de Faustine la jeune, il est représenté sans barbe, à côté d'Ariane, qui tient comme lui un thyrse à la main. Dans
l'autre, que frappèrent les habitants de l'île de Naxos, il porte une barbe à plis
ondoyants. « C'était apparemment, dit l'auteur d'une histoire de la Barbe, pour
marquer que ce dieu, quoique si peu grave d'ailleurs, voulait cependant passer
pour philosophe, qualité que plusieurs anciens lui ont donnée, en effet, avec
celle de *prudent,* d'*habile* ou *sage conseiller,* et de *législateur.* Diodore de Sicile
témoigne que Bacchus avait reçu de Silène, son précepteur, de beaux ensei-
gnements. A quoi on peut ajouter qu'il a eu quelquefois les Muses à sa suite,
d'où lui est venu le surnom de *Musagete,* aussi bien qu'à Apollon. » On
trouve, dans l'*Antiquité expliquée* de Montfaucon, quelques figures de Bacchus barbu. Il est ainsi représenté sur plusieurs médailles, dont l'une vient de
Thèbes, sa patrie. Il y en a d'autres qui ne reproduisent pas ses traits ordinaires, mais qui représentent des personnages revêtus de tous les insignes
bachiques, et dont les têtes, ornées de corymbes, ont la barbe du fils de Sémélé.
Il n'est pas rare de voir, sur des monuments antiques, deux figures regardant
dans des directions opposées, et qui sont celles, l'une d'un Bacchus barbu,
l'autre d'un Bacchus imberbe. C'est cet accouplement que Diodore de Sicile,
d'après Orphée, appelle Bacchus *Dimorphos,* c'est-à-dire *à deux formes.* Quant au
Bacchus barbu, les archéologues le reconnaissent généralement pour le Bac-

3

chus indien. Ainsi que le dieu du vin, celui de la guerre est représenté tantôt avec de la barbe, tantôt sans barbe. Priape, de même que le dieu Terme, dont il empruntait les traits, portait de longues moustaches et une barbe toujours divisée en deux bouquets, dont les anneaux se déroulaient jusque sur ses mamelles. Neptune n'a que sa barbe pour protéger sa nudité, et quelque épaisse qu'elle soit, ce n'est peut-être pas assez pour un dieu qui passe son immortalité sur l'eau. Philostrate dépeint Glaucus, autre divinité marine, avec une barbe à blancs flocons. Dom Frangé prétend qu'on représentait les Fleuves qui portent leurs noms et leurs eaux jusqu'à la mer, par une figure barbue, tandis que ceux qui perdent leurs noms et leurs eaux dans un autre fleuve étaient sans barbe ou prenaient la forme d'une femme. Mais lui-même a soin de nous avertir que cette observation n'est pas toujours rigoureusement exacte. Dans presque tous les monuments de l'antiquité, Hercule est barbu et même très-barbu. On ne connaît qu'une médaille où il ne porte pas de barbe, et, chaque peuple se permettant de modifier l'extérieur de ses dieux selon son goût particulier, il est probable que cette manière irrationnelle de représenter un dieu si vigoureux était propre à la ville de Tarse, où fut frappée cette médaille. La plupart des poëtes qui ont dépeint Mercure, entre autres Homère dans l'*Iliade* et Virgile dans l'*Enéide,* en ont fait un très-jeune homme à qui la barbe siérait peu. Néanmoins, sur un autel rond conservé au Capitole, il est représenté barbu. Dans quelques bas-reliefs étrusques, il a une barbe pointue, recourbée en avant, comme on la portait anciennement en Etrurie. Celle des Hermès grecs était disposée de même. Artémidore en parle comme d'un dieu barbu. Dans la description que Pausanias nous a laissée d'une statue de marbre de Mercure, élevée sur le marché de Phares en Achaïe, figure cet ornement naturel. « Ce n'était pas seulement aux dieux, dit dom Frangé, que les anciens donnaient de la barbe, ils ont quelquefois représenté leurs déesses mêmes avec cet attribut. Les Romains adoraient *Vénus barbue* (voyez *Suidas*). C'était, dit-on, pour mieux exprimer la nécessité de l'union des deux sexes pour la génération. Au rapport de Macrobe, Vénus était représentée dans l'île de Chypre, avec de la barbe au menton, sous la figure d'un homme habillé en femme. Il est plus que probable qu'il s'agit ici, non pas de Vénus, mais d'Hermaphrodite. »

Mais laissons là les dieux pour revenir aux hommes, il est temps que nous redescendions des hauteurs de l'Olympe sur la terre.

Les anciens Orientaux faisaient le plus grand cas de la barbe; rien ne leur paraissait plus digne de vénération qu'une longue barbe épaisse, qui était pour eux le signe de la sagesse et de l'honnêteté. Aussi, en avaient-ils un soin excessif. Les médailles des anciens rois d'Asie les représentent avec de grandes barbes tressées. Saint Jean Chrysostome remarque que les monarques persans avaient encore, de son temps, la barbe tissue et nattée avec un fil d'or.

L'estime singulière dont la barbe a été l'objet à diverses époques de l'antiquité peut être rendue sensible par le tableau de différentes coutumes, assez étranges en apparence, mais qu'explique et justifie suffisamment l'attachement que les anciens portaient à leur précieuse barbe. Ainsi, le suppliant, en abordant l'homme puissant dont il sollicitait les faveurs, lui touchait la barbe respectueusement; le serment par la barbe fut très-usité chez les Grecs. Avant d'avoir donné à Jupiter l'opulente barbe qu'il a toujours conservée depuis, ils ne jurèrent que par les yeux et par la tête de ce dieu; mais dès que son divin menton se fut garni de poils, ils employèrent cette barbe vénérable dans leurs serments les plus solennels. C'est Juvénal qui nous a transmis ces détails. L'empereur Othon jurait fièrement par sa propre barbe, qui rivalisait, en effet, avec les plus belles qu'on connût sur la terre et dans le ciel païen. La science divinatoire avait assigné aussi un rôle à la barbe. Quelque grande calamité menaçait-elle la ville d'Halicarnasse ou ses environs, une longue barbe poussait subitement au menton de la prêtresse qui desservait le temple de Minerve. Nous laissons la responsabilité de cette assertion à Alexandre d'Alexandrie, qui rapporte fort sérieusement que ce prodige est arrivé deux fois. Il nous apprend en même temps qu'on s'accordait à reconnaître aux Cariennes barbues une merveilleuse aptitude à rendre des oracles. Les Grecs et les Orientaux mettaient quelquefois leur barbe en gage, sur parole, bien entendu, et c'était le nantissement que préféraient les prêteurs, rien n'étant pour eux plus précieux que ce mâle ornement du visage. C'est ce qui fait dire au poëte Crusius, en parlant de la barbe, ou plutôt en la faisant parler elle-même :

Quin sanctum pignus sum multis.

Vous le voyez, la barbe était reçue par presque tout le monde comme un *gage saint*, un *gage sacré!* Nous avons tout lieu de croire que, de notre temps, les usuriers ne s'en contenteraient pas, et le Mont-de-Piété refuserait probablement de prêter sur un tel joyau! La barbe ayant les qualités et la valeur requises pour servir de gage, il n'y a pas à s'étonner qu'elle ait été prise pour enjeu dans des paris. Tous les poëtes et les historiens s'accordent à dire que la première tonte de la barbe se faisait, chez les Romains, en grande cérémonie. On donnait, à cette occasion des fêtes et des banquets. Le jeune homme qui se rasait pour la première fois, en même temps qu'il prenait la robe virile, entrait pour ainsi dire en possession de lui-même; il inaugurait la seconde époque de la vie, la plus sérieuse, mais souvent aussi la moins heureuse. C'était pour lui le premier acte solennel qu'il accomplissait : aussi, en célébrait-on chaque anniversaire par toutes sortes de réjouissances. Dans les premiers temps de Rome, quand on coupait pour la première fois la barbe à ses enfants, il était d'usage de faire des visites à ses amis et à ses parents, de les convier à des repas et de leur envoyer des présents. Mais plus tard on fit tout le contraire, et nous voyons, dans une satire de Juvénal, que, de son temps, les rôles étaient complétement intervertis. Voici les vers du poëte ; ils ne laissent aucun doute sur ce point :

Ille metit barbam, crinem hic deponit amati,
Plena domus libis venalibus.....

« Qu'un patron fasse pour la première fois couper la barbe ou les cheveux d'un esclave chéri, la maison se remplit de présents que l'on revend bientôt. » A cette époque, les parents des jeunes gens nouvellement rasés ne faisaient plus de visites : ils en recevaient ; ils n'envoyaient plus d'invitations, mais on leur offrait de splendides banquets. Les jeunes gens enfermaient leur première barbe dans une boîte d'or ou d'argent, qu'ils consacraient à quelque divinité protectrice. Dion Cassius et Suétone nous apprennent que Néron fit mettre la sienne dans une boîte d'or enrichie de pierreries, et qu'il la déposa sur l'autel de Jupiter Capitolin. Auguste et Caligula en avaient fait autant. Heureux Jupiter Capitolin ! c'était lui qui, de tous les dieux, recevait le plus d'offrandes de ce genre. Ainsi que l'a remarqué un spirituel écrivain, son grand prêtre aurait pu en faire tisser pour son temple un épais tapis, de même qu'un fameux bravo espagnol se faisait, dit-on, un matelas confortable des moustaches qu'il avait coupées à ses ennemis vaincus ! Du reste, on croyait honorer, de la manière la plus flatteuse pour elles, les divinités à qui l'on offrait les prémices de sa barbe. Callimaque rapporte que, dans l'île de Delos, régnait une coutume qui obligeait les filles à déposer sur le tombeau des trois filles de Borée les premiers cheveux qu'elles avaient fait tomber sous les ciseaux ; et les jeunes gens, à consacrer sur le tombeau des trois fils du même dieu leur précieuse barbe rasée pour la première fois :

Etenim Delciados cum suaviter cantatus hymenæos
Thalamos puellarum terres, cœtaneos capillos
Virgines puellis, at juvenes messem primam lanuginis
Masculi juvenibus primitiarum loco offerunt.

La même cérémonie religieuse se pratiquait au tombeau d'Iphinoës, fille d'Alcathoüs, au rapport de Pausanias. Plutarque fait mention de l'usage, qui conseillait aux jeunes Athéniens de consacrer leur première barbe à Apollon. Il dit même qu'ils se transportaient à Delphes tout exprès pour accomplir ce pieux devoir. Stace fait allusion à ce détail des mœurs antiques, dans ce vers :

Ille genas Phœbo, crinem hic pascebat Iaccho.

« L'un tondait sa tête en l'honneur de Bacchus, et l'autre ses joues en l'honneur d'Apollon. » Une chose assez bizarre et de laquelle il faudrait s'étonner si l'on ne savait que l'histoire des mœurs d'un peuple n'est guère autre chose que l'histoire de ses contradictions, c'est que la manière usitée, chez les Grecs, les Romains et même les Juifs, de porter le deuil et de témoigner une grande douleur, fut tour à tour de se couper la barbe et de la laisser croître. Nous serions assurément fort en peine d'expliquer des usages aussi contraires et d'en donner une raison plausible : aussi, ne les expliquerons-nous pas. Nous supposons qu'aucun motif réel et connu n'avait donné lieu à ces coutumes opposées, et que le caprice et l'inconstance des anciens furent, dans ce cas, leurs seuls guides. Les Égyptiens, les Moabites, les Babyloniens et les Assyriens se coupaient la barbe, en signe de deuil. Ce qui prouve que les Juifs avaient la même coutume, c'est la loi même de Moïse qui fait défense aux prêtres de s'y conformer : *Non radent caput, nec barbam, neque in carnibus suis facient incisiones.* « Qu'ils ne se rasent ni les cheveux ni la barbe, et qu'ils ne se fassent pas d'incisions à la peau. » Cette loi était applicable aux lévites qui étaient occupés au service des autels ; mais peut-être n'obligeait-elle point ceux qui momentanément ne remplissaient pas les fonctions sacrées. « On ne doit pas prendre tellement à la lettre cette interdiction, dit dom Frangé, que l'on croie que Moïse défendait absolument au commun des Juifs de se couper la barbe dans le deuil, mais seulement de le faire d'une certaine manière, en l'honneur *du mort*, c'est-à-dire d'Adonis ou d'Osiris. Le deuil, avec toutes ses cérémonies, était permis au peuple juif, et il pouvait en prendre toutes les marques, entre lesquelles se raser la barbe et les cheveux tenait le premier rang ; mais cela était interdit aux prêtres. Ainsi, la manière de se couper la barbe défendue aux Israélites, n'était autre chose que la façon superstitieuse des Égyptiens, qui portaient la barbe à l'extrémité du menton, ainsi qu'on le remarque dans les momies et dans les figures des divinités égyptiennes qui nous restent : les hommes et les dieux avaient les tempes, les joues et les lèvres entièrement rasées. Il n'y restait de barbe que sur le menton, et elle descendait jusqu'au-dessus de la poitrine : c'est ce bouquet de barbe que les Égyptiens coupaient dans leur deuil. C'est donc cette manière superstitieuse de se faire la barbe, que défendit Moïse aux Hébreux. Nous lisons dans le prophète Jérémie, qu'après la ruine de Jérusalem, quatre-vingts hommes vinrent de Sichem, de Siloé et de Samarie à Masphat pour y voir Godolias et ce qui restait du peuple : ils avaient la barbe rasée, les habits déchirés et le visage tout défiguré, c'est-à-dire toutes les marques de deuil, comme pleurant la ruine de leur patrie, l'incendie et la profanation du temple de leur Dieu ; ce qui fait voir que ces sortes de pratiques n'étaient pas condamnées par la Loi, lorsqu'elles se faisaient dans un deuil ordinaire et permis. » Chez les Romains, se couper la barbe était la plus grande marque de désolation, que l'on pût faire voir. Pendant les guerres puniques, les premiers citoyens de Rome se rasèrent, pour manifester leur crainte des dangers dont Carthage menaçait la République. Cette coutume passa de Rome en Asie. Après la prise de Sybaris par les Crotoniates, presque tous les Milésiens sacrifièrent leurs barbes, pour exprimer les regrets que leur inspirait cet événement. A la mort de Germanicus, nous apprend Suétone, les rois asiatiques, voulant donner un témoignage public de la douleur que leur causait une telle perte, s'arrachèrent la barbe et obligèrent leurs femmes à se couper les cheveux. Les Perses se rasaient pour prendre le deuil, mais cette coutume cessa d'être possible à une époque où elle régnait encore chez la plupart des autres peuples : les Perses, pour satisfaire leurs goûts efféminés, renoncèrent à la barbe; du temps d'Alexandre, ils n'en portaient déjà plus. Le même usage dut être abandonné aussi par les Assyriens sous le règne de Sémiramis, qui, ne voulant pas qu'aucun de ses sujets eût l'apparence plus virile que leur souveraine, proscrivit la barbe ou fit comprendre que c'était s'exposer à lui déplaire que d'en porter. Ce fut sans doute aux époques où la barbe, immolée à la mode, ne régnait plus, que prit naissance l'usage de la laisser croître en signe de deuil. Nous trouvons d'abord cette coutume chez les Hébreux. Quand David fut chassé de Jérusalem par Absalon, Miphiboseth, fils de Saül, laissa pousser librement sa barbe et cessa de se laver les pieds. Ce fut dans cette tenue plus que négligée (*illotis pedibus et intensâ barbâ*), qu'il vint au-devant du roi, quand celui-ci rentra dans Jérusalem. A Rome, la barbe longue devint aussi le signe extérieur de l'affliction. Tite-Live raconte que M. Livius, condamné par le peuple, à l'expiration de sa charge de consul, conçut un si violent chagrin, qu'il se retira au fond d'une campagne, où il laissa croître sa barbe et ses cheveux. Lorsque, plus tard, il eut consenti à revenir à Rome, il ne se rasa qu'à la sollicitation des sénateurs et des censeurs, qui voulaient lui faire reprendre sa place au sénat.

Chez certains peuples, la coupe ou la tonte de la barbe fut au nombre des peines qu'on infligeait aux grands coupables. Usage auquel Isaïe a emprunté une figure énergique dans ce verset menaçant : *Radet Dominus in novacula conducta, caput et pilos pedum, et barbam universam;* c'est-à-dire que le Seigneur prendra pour ministres de ses vengeances contre les Israélites les peuples d'au delà de l'Euphrate.

Couper la barbe en totalité ou en partie à un ennemi, fut toujours le plus humiliant outrage qu'on pût lui faire, et une des vengeances les plus complètes qu'on en pût tirer. Nous pourrions citer de nombreux exemples de barbes mutilées par des mains sacriléges que guidaient dans leur opération, moins blessante au propre qu'au figuré, le mépris, la haine et la dérision. Plutarque dit que, chez les Lacédémoniens, quiconque était convaincu de lâcheté sur un champ de bataille, était obligé de porter, comme une marque ignominieuse, la moustache d'en haut rasée d'un seul côté, ce qui devait être non moins disgracieux que flétrissant. Le bon Hérodote prend soin de nous raconter, à son tour, qu'un Égyptien, après avoir plongé dans une ivresse favorable à son projet quelques soldats qui gardaient le corps de son frère attaché à une potence, leur coupa, par manière d'insulte, la moitié de la barbe, et enleva ensuite le cadavre du supplicié. Quand nous en serons à faire l'histoire de la barbe dans les temps moins éloignés du nôtre, nous rapporterons quelques autres anecdotes du même genre.

Il ne paraît pas que les anciens se soient servis de barbes postiches ailleurs qu'au théâtre, où chaque acteur avait un masque chevelu et barbu, quand le personnage qu'il représentait exigeait qu'il en fût ainsi pour que la ressemblance fût parfaite. Mais nous ne croyons pas que les particuliers aient jamais porté de fausses barbes. Du moins, nous ne sachons pas qu'aucun écrivain de l'antiquité en ait fait mention. Ce qui est certain, c'est qu'ils ornaient leurs véritables barbes de mille manières plus ou moins élégantes, plus ou moins extraordinaires. Ils déployaient souvent dans ces raffinements plus de richesse que de bon goût, plus de recherche puérile et d'affectation ridicule que d'art ingénieux. Nous avons dit qu'une barbe d'or décorait le menton d'Esculape; celle avec laquelle on représentait Jupiter était souvent du même métal; excès de magnificence, que raille Perse dans sa 2ᵉ satire, où se trouve ce vers :

> Præcipui sunto, sitque illis aurea barba.

Pétrone en parle en termes plus précis encore. A l'exemple de ces divinités, l'empereur Caligula, qui tenait absolument à passer aussi pour un dieu, paraissait en public avec une barbe d'or. De riches patriciens, aussi extravagants que lui, ornèrent la leur de paillettes d'or et d'argent, de pierreries, de rubans, etc. Une tradition, qui n'a cours que parmi les rabbins les moins éclairés, lesquels l'ont conservée pieusement, veut que Moïse, après avoir réduit en poudre le veau d'or, en ait jeté les restes dans le torrent d'Horeb, et qu'en buvant de cette eau, les coupables adorateurs de l'idole renversée et détruite aient vu avec un étonnement, selon nous, très-naturel, leur barbe prendre la couleur de l'or, signe indélébile de leur infidélité, et qui, devenu héréditaire, se perpétua de génération en génération, comme la tache originelle pour la généralité des hommes. Et voilà l'origine des barbes rousses si communes chez la gent israélite!

Bien que la barbe des anciens soit un sujet fécond et que nous ne l'ayons nullement épuisé, on trouvera peut-être que nous nous en sommes occupé trop longtemps. Qu'on nous permette cependant, avant de l'abandonner, de placer ici une dernière citation relative à la manière dont se rasaient les Romains. Plaute, dans la seconde scène du second acte de la comédie des *Captifs,* fait dire à l'un de ses personnages :

> Nunc senex est in tonstrinâ;
> Nunc jàm cultros attinet;
> Sed utrùm, strictim ne attonsurum dicam
> Esse, an per pectinem?
> Nescio. Verum, si frugi est, adunctilabit
> Probè...

C'est-à-dire : « Le vieillard est dans la boutique d'un barbier qui déjà saisit ses rasoirs; mais se fera-t-il tondre le menton au rasoir ou au peigne? Je ne sais;

s'il était sage, il se ferait raser tout à fait. » Dom Frangé constate, d'après ce passage de Plaute, qu'il y avait deux manières de faire la barbe, l'un en coulant immédiatement le tranchant du fer le long de la peau, l'autre par l'intermédiaire d'un peigne passé entre la peau et les ciseaux, pour que l'épiderme ne pût être endommagé. « Il y avait aussi, continue-t-il, d'autres façons de se faire la barbe, mais beaucoup moins usitées. Les petits-maîtres cherchaient à l'extirper en se l'arrachant peu à peu ou en employant des préparations épilatoires. Les tyrans, tels que Denys de Syracuse et Alexandre de Phères, aimaient mieux se la faire brûler que de se confier au rasoir ou aux ciseaux. L'empereur Auguste se faisait tondre la barbe, tantôt avec des ciseaux et tantôt avec un rasoir, selon Suétone dans sa *Vie d'Auguste,* où il dit : *Ut modo tonderet, modo raderet barbam.* »

Et maintenant, c'est en avoir assez dit sur la barbe des anciens, lâchons prise ; mais c'est par les cheveux que nous allons les ressaisir.

Nous aurons, dans le cours de ce travail, à répéter fréquemment les mots de *chevelure* et de *coiffure.* Mais d'abord quelle différence faut-il établir entre ces termes ? La *chevelure* est prise pour les cheveux naturels, sauvages, pour ainsi dire, et indépendamment de toute culture, de toute adjonction d'ornements étrangers ; en un mot, de tout arrangement artificiel. Le mot *coiffure* a, lui, deux acceptions très-différentes. Il comprend à la fois la disposition factice de la chevelure proprement dite, ajustée d'après certaines modes, et, en même temps, tout ce qui se place sur la tête pour la couvrir ou seulement la parer. Molière fait dire à Sganarelle dans l'*École des maris* :

> Je veux une coiffure en dépit de la mode,
> Sous qui toute ma tête ait un abri commode.

Entendue dans ce dernier sens, la Coiffure ne sera point ici de notre compétence, et nous n'en dirons rien ou presque rien. Notre sujet est tout autre. La Coiffure, dont nous devons nous occuper exclusivement, est l'assortiment, de tout ce qui sert à orner les cheveux, à les accommoder, à leur donner certains tours (soit dit sans jeu de mots) et certaines formes. Quant à l'étymologie du mot lui-même, elle est très-incertaine et très-controversée. Il est évident que *coiffure* vient de *coiffe* (on écrivait autrefois *coëffe* et *coëffure*). Mais d'où vient *coiffe ?* Ménage en trouve l'étymologie dans *gufa,* qui signifie, dit-il, un *vêtement velu.* D'autres la tirent de l'hébreu *cupha,* vêtement de tête à l'usage des femmes ; Ducange, des mots *cuphia, cofea, coëffa* et *cucupha,* dont la basse latinité s'est servie alternativement pour exprimer la même chose. Enfin, Roquefort et d'autres philologues le font dériver de *caput,* qui tire son origine du grec κεφαλη. Nous allions omettre l'opinion d'un dernier faiseur d'hypothèses, qui demande si *coiffe* ne descend pas plutôt du grec κουφος (*couphos*), qui signifie *léger :* ce mot grec lui semble tout à fait propre à caractériser l'idée générale qu'on attache au mot français *coiffe,* lequel représente en effet un bonnet léger, un bonnet de dessous. Mais passons, de l'histoire du mot, à celle de la chose qu'il exprime.

Les Hébreux portaient leurs cheveux dans toute la longueur qu'il leur plaisait d'atteindre. Moïse, qui veillait avec tant de zèle à ce qu'aucune des pratiques superstitieuses usitées chez les peuples infidèles ne s'introduisît parmi les enfants d'Israël, leur défendit d'imiter les Arabes, les Moabites, les Ammonites, les Iduméens, les peuples de Vedan, Thémor et Buz, qui coupaient leurs cheveux en rond à l'exemple et en l'honneur de Bacchus. Il leur interdit également de les tresser à la manière égyptienne, en commémoration de la mort d'Adonis ou d'Osiris. Un autre article de sa loi était conçu en ces termes : « Vous ne ferez point de fisoë des cheveux de votre tête. » Ce terme de *fisoë* signifie, selon un ancien scoliaste, une tresse que l'on offrait à Saturne. Quoique la longue chevelure fût permise au peuple de Dieu, elle était considérée comme incompatible avec l'exercice des fonctions sacerdotales : les lévites étaient obligés de couper la leur, avec des ciseaux, tous les quinze jours, afin de n'être pas indignes du service des autels. Quelques détails que nous fournissent l'Écriture et l'historien Josèphe donneront une idée du soin que les Juifs prenaient de leur chevelure et du prix qu'ils y attachaient. Le roi Salomon, qui s'est en toutes choses distingué par sa magnificence tout orientale, avait pour écuyers quatre cents jeunes gens appartenant aux familles nobles et riches. Lorsqu'ils marchaient à la suite du roi, ils parsemaient de raclures d'or leurs cheveux; de façon que leurs têtes, que faisaient briller les rayons du soleil, éblouissaient le regard. Les cheveux noirs étaient les plus estimés chez les Israélites, qui avaient le secret de donner cette couleur préférée aux cheveux blonds ou roux, très-communs parmi eux. On voit que l'usage de se teindre les cheveux est de la plus haute ancienneté. Jezabel, ayant appris que Jéhu allait entrer dans Jezrahel, se teignit la chevelure avec de l'antimoine, ce qui n'empêcha nullement Jéhu de la reconnaître et de la faire jeter par la fenêtre. Les Hébreux firent toujours une grande consommation de parfums : hommes et femmes se répandaient sur la tête des huiles odorantes et précieuses. L'Évangile nous dit que Marie, sœur de Marthe, fut agréable à Jésus en lui imprégnant les cheveux d'un parfum de grand prix. La chevelure était pour les femmes juives, qui généralement l'avaient fort longue et fort belle, le principal attrait de leur personne et leur plus puissant moyen de séduction. Judith, avant d'aller trouver Holopherne pour essayer sur lui le pouvoir de ses charmes, se peigna soigneusement, sépara ses cheveux, les mit en tresses et les oignit de parfums exquis. Quelques Hébreux ont eu des chevelures prodigieusement longues et touffues. On sait que Samson, sous ce rapport, n'avait rien à envier à personne, et que là était le secret de sa force extraordinaire, force qui l'abandonna, quand la perfide Dalila lui eut, par surprise, coupé les cheveux. La chevelure blonde d'Absalon n'était pas moins abondante : toutes les fois qu'il se la faisait couper, on en ôtait, dit l'Ecriture, le poids de deux cents sicles, c'est-à-dire environ cinq livres, quoiqu'il se fît tondre tous les huit mois. Lepelletier, dans sa *Dissertation sur la grandeur de l'arche de Noé*, réduit sans façon ces deux cents sicles, de plus des deux tiers. Il explique cette réduction, de cette manière : « On lit dans Samuel que la chevelure d'Absalon pesait 200 sicles : le Chaldéen et les Septante lui donnent le même poids; Josèphe l'explique par cinq mines, et saint Epiphane la fait de 125 sicles. On traite les derniers de rêveurs, et l'on regarde l'expression des premiers comme enveloppant l'impossible, sur ce qu'il est inouï que la chevelure d'aucun homme ait pu peser cent onces romaines. L'erreur vient de ce qu'on prend ces sicles-là pour des sicles de quatre drachmes. Cependant, sans recourir, comme les rabbins, à des sicles sacrés et profanes, inconnus aux Israélites, ou à la poudre d'or dont on se servait du temps de David, ni aux autres fantaisies de quelques interprètes, je prouverai que tous les écrivains ont entendu une pesanteur égale à 1 livre 14 onces 7 gros 14 grains $\frac{2}{21}$, poids de marc de Paris. J'en tairai ici les raisons, de peur de vous fatiguer. » Il serait à regretter que d'aussi magnifiques cheveux tombassent sous les ciseaux d'une si incisive argumentation, car l'habitude est prise de qualifier d'absalonienne toute chevelure qui dépasse les proportions ordinaires. Chez les Juifs, on coupait ou l'on arrachait les cheveux aux hommes qu'on voulait flétrir publiquement. Il y avait aussi certains délits, pour la punition desquels on coupait ou rasait les cheveux des coupables. Néhémie, pour infliger une peine aux Juifs qui avaient épousé des femmes étrangères, leur coupa les cheveux. Nous voyons encore que Dieu, par la bouche d'Isaïe, menaça les filles de Sillon de leur rendre la tête chauve et sale, de leur enlever leurs coiffes à réseaux, leurs croissants d'or, leurs bonnets élevés et leurs boîtes de parfums.

Les anciens Egyptiens se rasaient habituellement la tête. Toutes les classes de la société étaient tenues de se soumettre à cet usage. Il n'y avait, sous ce rapport, aucune différence entre les hommes libres et les esclaves. Osiris fit serment, dit Diodore de Sicile, de ne pas se raser la tête, qu'il ne fût revenu dans sa patrie, ce qui prouve qu'on ne laissait pousser ses cheveux que dans certaines circonstances tout à fait exceptionnelles, auxquelles la libre croissance de la chevelure empruntait une signification particulière. Les femmes conservaient la leur, mais la coupaient carrément sur le cou. On laissait aux enfants une mèche de cheveux, de chaque côté de la tête. Lucien nous apprend que les enfants des nobles les portaient longs, tressés et liés par derrière, avec des rubans d'or, d'argent ou de soie.

Dans l'antiquité, les peuples d'Afrique avaient adopté la chevelure longue, presque toujours frisée.

Les Asiatiques portaient aussi les cheveux longs : ce ne fut qu'à la naissance de l'islamisme qu'ils renoncèrent à cet usage que condamnait leur nouvelle religion.

Les Grecs avaient-ils les cheveux longs? les avaient-ils courts? Il serait, ce nous semble, assez téméraire de généraliser en pareille matière et de trancher la question. Plusieurs auteurs se sont prononcés dans un sens ou dans un autre, avec une assurance qui pour nous n'a rien de péremptoire. Le plus probable, c'est qu'ils les portèrent tantôt longs et tantôt courts, et que la mode, essentiellement variable, et le caprice individuel, non moins éphémère, les déterminèrent à couper leurs cheveux ou à les laisser croître. Jean Chrysostome dit que les plus anciennes statues des Grecs étaient ornées de longs cheveux et de grandes barbes. Mais il est certain que sur d'autres statues, peut-être plus modernes, en effet, on ne trouverait pas le moindre simulacre de poil au-dessous du cou. Les Lacédémoniens portèrent presque toujours la chevelure longue, retenue par un simple nœud. A Athènes, au contraire, surtout à l'époque de sa plus brillante prospérité et de sa civilisation la plus raffinée, on se coupait assez généralement les cheveux. Les seuls Athéniens qui les laissaient croître étaient ceux qui affectaient les mœurs austères et la tenue simple des Spartiates. Mais ceux qui menaient la vie élégante et se modelaient sur Alcibiade, prenaient le plus grand soin de leur chevelure, ce qui leur mérita (et, par extension, à tous les Grecs) le surnom flatteur de *aux beaux cheveux,* que leur donne Hector dans les poëmes d'Homère. Il est dit aussi, à la fin du second livre de l'*Iliade,* que les Grecs entortillaient leurs cheveux avec des crêpes et des rubans d'or. Ils les faisaient retomber en boucles et en cascades et y mêlaient des ornements dorés qui avaient la forme de cigales : *iisque aureas cicadas inseruisse,* ce sont les propres expressions d'Elien. Aucune des ressources de l'art ne leur était inconnue : ils pratiquaient avec le plus grand succès la frisure et la crêpure. Il est vrai qu'ils passaient un temps considérable à entretenir ainsi leurs cheveux. Ils les oignaient de parfums et les lissaient avec des huiles mêlées d'essences fort coûteuses et dont l'odeur se répandait tout autour d'eux. En Grèce, les cheveux noirs passaient généralement pour les plus beaux. Anacréon voulut qu'on peignît avec des cheveux noirs sa maîtresse et son cher Bathylle. Cependant de beaux cheveux blonds étaient prisés aussi, selon leur finesse et leurs reflets, et ils recevaient, comme les noirs, leur part d'hommages et de regards caressants. La belle Metto, cette esclave grecque tant aimée de Cyrus, était blonde. En Grèce, les jeunes gens des deux sexes ne coupaient pas leurs cheveux, avant l'âge de puberté. Ils en consacraient les prémices à quelque divinité; nous avons déjà dit que cette coutume se pratiquait à Rome. Du reste, cette consécration n'était pas en usage pour la jeunesse seulement : il y avait des circonstances où les hommes faisaient vœu de sacrifier leurs cheveux aux dieux. Nous n'avons pas besoin d'avertir que rien de ce que nous avons dit des cheveux courts chez les Grecs ne s'applique aux femmes, qui portèrent toujours les cheveux longs. Aristophane dépeint une jeune mariée, dont la belle chevelure, couverte de parfums, flotte en boucles soyeuses sur ses épaules. Lucien, voulant faire le portrait ridicule d'une femme laide, se garde bien d'oublier ses cheveux « courts, plats et collés sur le front. » Et si quelque doute subsistait encore sur la mode des cheveux longs chez les Grecques, il ne faudrait pour le dissiper entièrement, que donner la preuve du plaisir qu'avaient les hommes à contempler une belle chevelure conservée intacte et prenant un libre développement. Si Vénus n'avait pas su qu'ils appréciaient dignement ce genre de beauté, aurait-elle, dans un accès de jalousie, coupé les cheveux opulents de Psyché, sa rivale? Elle-même, n'avait-elle pas dû à ce moyen de séduction sa plus éclatante victoire? « Dans le tableau où Paris présente la pomme à la beauté, dit l'auteur des *Fêtes et courtisanes de la Grèce*, ce berger foule aux pieds les richesses de l'orgueilleuse Junon; il tombe aux genoux de Vénus, qui n'est parée que de sa propre chevelure. » Peut-être objectera-t-on que ce ne fut pas tant la chevelure de Vénus que l'absence de ses autres ornements qui fit sa victoire; mais ce n'est point ici le lieu d'éclaircir ce point : *Non est hic locus.* Quoi qu'il en soit, on peut dire que la fable, l'histoire et la poésie sont d'accord pour prouver que la chevelure des Grecques ne subissait point l'outrage des ciseaux. Maintenant, voulons-nous savoir de quelle manière on les ajustait, nous ouvrons le *Dictionnaire des antiquités grecques et romaines*, de Furgault, et nous y lisons ceci : « La coiffure des femmes grecques était un édifice dont l'ordre et la structure dépendaient tellement de leurs caprices, que les auteurs ne nous ont point appris les noms de tant de modes différentes. Il faut excepter les Lacédémoniennes, qui ne connurent point l'usage des coiffures, pendant plus de six cents ans que les lois de Lycurgue furent en vigueur. Les filles n'avaient pas plus de coiffure que les femmes : un simple ruban attachait leurs cheveux, qui tombaient sur leurs épaules sans aucun autre ornement, comme le dit Virgile : *Dederatque comam diffundere ventis;* et Horace : *Incomptam Lacenæ more comam religata nodo.* Il n'en était pas de même des Athéniennes. Leur coiffure était des plus brillantes. Tantôt elles nouaient leurs chevelures avec de petites chaînes et des anneaux d'or, tantôt avec des rubans couleur de pourpre ou blancs, garnis de pierreries. Quelquefois elles en faisaient un édifice à plusieurs étages qu'elles soutenaient avec des poinçons garnis de perles. » Pausanias dit, en parlant des femmes grecques : « Leurs cheveux longs et noirs tombaient en boucles ondoyantes sur leurs épaules, ou bien une simple aiguille d'or les relevait avec goût et en retenait les tresses brillantes. » Dacier fait, à propos d'une ode d'Horace, cette remarque : « En Italie, comme en Grèce, les femmes et les filles se coiffaient différemment; les filles laissaient pendre leurs cheveux, et les femmes les retroussaient. De là vient que Callimaque a dit, dans l'*Hymne à Cérès* : « Ni les femmes, ni celles qui laissent pendre leurs cheveux; » c'est-à-dire *ni les filles.* Et c'est par là qu'il faut expliquer ce passage d'Ovide, dans le troisième livre des *Fastes* :

Si qua tamen gravida est, resoluto crine precetur,
Ut solvat partus molliter il'a suos.

« S'il y a quelque femme grosse, qu'elle fasse ses prières en déliant ses cheveux, afin qu'elle accouche heureusement : » car puisque Ovide dit que les femmes grosses doivent laisser pendre leurs cheveux pour faire leur prière à Junon, c'est une marque certaine qu'elles les portaient ordinairement retroussés. » Cette façon de raisonner est-elle absolument concluante? C'est ce dont nous laissons juges nos lecteurs. Le sens, d'ailleurs, ne serait-il pas plutôt : « Si quelque jeune fille devient grosse, qu'elle prie Junon de lui accorder une délivrance facile ? » Ce qui répondrait plus victorieusement, croyons-nous, à la question proposée. A ce propos, nous citerons encore ce passage de Winckelmann, tiré de son *Histoire de l'art chez les anciens* : « Il y a peu de chose à remarquer sur la coiffure des figures grecques de l'ancien style ; rarement, on y trouve des cheveux bouclés ; et ils sont toujours plus négligés aux têtes des femmes qu'à celles des hommes. Dans les figures du plus ancien style, les cheveux sont peignés de manière qu'ils forment sur la tête des sillons ondoyants. Ceux des jeunes filles sont relevés et noués sur le sommet de la tête, ou attachés en nœud et fixés par derrière avec une aiguille. Quelquefois les cheveux des femmes sont attachés par derrière à une certaine distance de la tête et descendent en grosses touffes sous la bandelette qui les lie, comme on les voit aux figures étrusques de l'un et de l'autre sexe. » Nous extrairons encore d'un livre d'Apulée un court fragment qui est trop plein de notre sujet pour que nous puissions nous dispenser de le transcrire ici. Le voici donc : « Si vous coupez les cheveux d'une femme, si belle qu'elle soit, et si vous dépouillez son visage de cet ornement naturel, fût-elle descendue de celle qu'a engendrée la mer et qui a été nourrie au milieu des ondes ; en un mot, quand ce serait Vénus elle-même, accompagnée des Grâces et des Amours, parée de sa ceinture et parfumée des odeurs les plus exquises ; si elle paraît avec une tête tondue, elle ne vous plaira pas ; son Vulcain même la trouvera désagréable. Mais y a-t-il rien de plus charmant que les cheveux d'une belle couleur qui brillent au soleil d'un lustre changeant dont l'œil est ébloui ; les uns, d'un blond plus éclatant que l'or ; les autres, d'un noir d'aile de corbeau et à reflets, comme la gorge de pigeon ; qui, parfumés d'essences précieuses, peignés avec soin et tressés en grosses nattes par derrière, sont comme un miroir où un amant se retrouve avec plaisir? Quel charme encore de voir une grande quantité de cheveux relevés et ajustés sur le haut de la tête, ou bien de les voir d'une grande longueur, épars et flottants sur les épaules ? Enfin, la chevelure a quelque chose de si beau, que, quand une femme paraîtrait avec toutes sortes d'ajustements et avec des habits d'or chargés de pierreries, s'il se trouve quelque négligence dans ses cheveux ou quelque irrégularité dans sa coiffure, toute sa parure devient inutile. Mais, pour ma chère Fatis, la coiffure négligée et sans art la rendait encore plus agréable ; car ses cheveux, qu'elle avait fort longs et fort épais, étaient en liberté sur son front et autour de son cou, retenus ensuite par un ruban qui faisait plusieurs tours. Il me fut impossible de soutenir plus longtemps le supplice que me causait l'excès du plaisir que j'avais à la considérer : je m'approchai d'elle avec transport, et baisai amoureusement sur sa tête ces liens charmants qui m'attiraient à elle. » Pour nuancer les tons du tableau et y faire ombre, il serait curieux d'opposer à ce dithyrambe certain dialogue de Lucien, dans lequel un nommé Callicratidès hasarde une esquisse qui contraste singulièrement avec le portrait flatteur de la belle Fatis ; quelque peu galantes que soient les assertions de ce drôle, nous n'hésitons pas à en reproduire quelques-unes, par amour de l'antithèse : « Le matin, au sortir du lit, la femme ressemble à un singe ; des vieilles et des servantes, rangées à la file comme dans une procession, lui apportent les instruments et les drogues de sa toilette : un bassin d'argent, une aiguière, un miroir, des fers à friser, des fards, des pots remplis d'opiats et d'onguents pour nettoyer les dents, noircir les sourcils, teindre et parfumer les cheveux ; on croirait voir le laboratoire d'un pharmacien. Elle couvre à moitié son front sous les anneaux de sa chevelure, tandis qu'une autre partie de cette chevelure flotte sur ses épaules... » C'était chez les Grecs, il y a dix-sept cents ans, comme chez nous aujourd'hui. Nous avons suffisamment fait voir combien les Grecs avaient de goût pour les beaux cheveux ; la boutade de Lucien ne prouve rien contre une vérité acquise : ce n'est que le revers d'une fort jolie médaille. Il était si bien reconnu que les cheveux, « ces liens charmants, » comme les appelle Apulée, servaient à l'Amour de filets pour prendre les cœurs, qu'on les rendait responsables de l'excès d'admiration qu'ils s'attiraient et des passions qui en étaient la conséquence : en pareil cas, ils étaient passibles d'une peine sévère et humiliante. C'était une ancienne coutume à Athènes de couvrir de cendre brûlante la chevelure de quiconque était surpris en flagrant délit d'adultère.

Quittons maintenant les rives de la Grèce pour nous transporter à Rome : nous ne saurions trouver ici de meilleure transition qu'en traversant l'Adriatique.

La langue latine a deux mots qui tous deux signifient *chevelure*, et qui, bien qu'ils puissent maintenant s'employer indifféremment l'un pour l'autre, différaient complétement d'acception, quand le latin était une langue vivante dont les formes répondaient aux mœurs et aux besoins de la nation qui la parlait. Ces mots étaient *cæsaries* et *coma*. Il y a là une distinction importante à établir. *Coma* (dérivé du verbe grec κομεῖν, orner, parer, entretenir) s'entendait exclusivement de la chevelure des femmes. *Cæsaries*, au contraire (dont l'étymologie est *cædere*, couper), ne se disait que de celle des hommes. Ces deux mots donc, tout en étant, à titre égal, synonymes de *capilli*, n'étaient pas synonymes entre eux. Cette différence, à défaut d'autre preuve, servirait à démontrer que les Romains se coupaient les cheveux et que les Romaines les conservaient soigneusement. Plaute dit positivement dans son *Soldat glorieux : Cæsaries à cædendo vocata, ideoque tantùm virorum est. Virum enim tonsum esse decet, mulierem non decet.* « Cæsaries, chevelure, vient de *cædere,* couper; c'est ce qui fait qu'il ne se dit que des cheveux des hommes : car il est convenable que l'homme soit tondu et que la femme ne le soit pas. » Ainsi s'explique qu'Apollon, qui portait ordinairement une longue et belle chevelure, ait été surnommé *Comæus.* Sous la république, les Romains portaient les cheveux courts et droits. Les esclaves seuls laissaient croître les leurs, et il ne leur était pas permis de les couper. Quand on les affranchissait, on leur rasait la tête et on la leur couvrait du chapeau désigné sous le nom de *pilcus.* Sous les premiers empereurs, l'usage des cheveux courts n'était pas encore abandonné, mais on les frisait. Du temps de Juvénal, on commença à les rejeter en arrière et à laisser retomber sur le cou quelques boucles qu'on enfermait dans un réseau. Mais cet exemple n'était offert encore que par les jeunes patriciens dont la vie élégante et débauchée faisait scandale, et qui donnaient le signal des innovations frivoles et le modèle des modes les plus fraîches, enfin les petits maîtres de la capitale du monde. C'est en faisant une énergique peinture des vices de ces fils dégénérés des vieux Romains, que le poëte dit de l'un d'eux :

> . . . . Vitreo bibit ille priapo,
> Reticulumque comis auratum ingentibus implet...

« Celui-là boit dans un priape de verre et rassemble ses longs cheveux dans un filet doré. » A cette époque, on se dégagea le front, que couvraient auparavant les cheveux qui descendaient jusqu'aux sourcils. On peut dire qu'à Rome la mode de la *Titus* fut la plus généralement adoptée : ce n'est que pendant de très-courts intervalles que les longs cheveux régnèrent. On peut s'en assurer en examinant une série de médailles. On verra que les longues chevelures furent, en somme, d'assez rares exceptions. Néron, par exemple, est toujours représenté avec des cheveux aussi exubérants que ceux de l'Apollon du Belvédère. Sous Domitien, on les portait bouclés. Ils redevinrent droits sous les empereurs Gordien et Philippe. Depuis Galien, on retrouve, sur quelques médailles, des chevelures flottantes. Si le peuple romain a toujours pris ses empereurs pour modèles, il a dû adopter les cheveux ras sous le règne de Probus, car ce prince avait le crâne entièrement dépouillé. Voici ce que dit de lui Chateaubriand (*Etudes historiques*), d'après Synésius : « Probus passa en Égypte, défit, dans la Thébaïde, les Blemmyes, sauvages d'Éthiopie, dont on ne sait presque rien : de là il marcha contre les Perses. Assis à terre, sur l'herbe, au haut d'une montagne d'Arménie, mangeant dans un pot quelques pois chiches, habillé d'une simple casaque de laine teinte en pourpre, la tête couverte d'un chapeau, parce qu'il était chauve, sans se lever, sans discontinuer son repas, Probus reçut les ambassadeurs étonnés du grand roi. Il leur dit qu'il était l'empereur ; que si leur maître refusait justice aux Romains, il rendrait la Perse aussi nue d'arbres et d'épis que sa tête l'était de cheveux; et il ôta son couvre-chef. « Avez-vous faim? ajouta ce Popilius de l'empire, partagez mon repas; sinon, retirez-vous! » Mais revenons sur nos pas.

La couleur de cheveux que les Romains trouvaient la plus belle était le blond doré, le blond un peu fauve. Gallus, dans son élégie *A deux sœurs*, prodigue ses éloges poétiques à une chevelure de cette nuance :

> . . . . Matris amor, deliciumque meum,
> Ne vero inter vos odio certate, sorores, etc., etc.

« Objets de l'amour d'une mère, délices de Gallus, sœurs charmantes, cessez de vous disputer l'éclat du teint et la transparence de la peau. Ah! plutôt, disputez entre vous à qui fera des blessures plus profondes, l'une par ses beaux yeux, l'autre par sa blonde chevelure. Gentia, tes tresses ne sont-elles pas d'or pur, ou l'or n'emprunte-t-il pas lui-même la couleur de tes boucles flottantes? Jadis un Grec flatteur plaça parmi les astres les cheveux dont le fer avait dépouillé la tête de Bérénice. Gentia, que les tiens brillent à leur tour dans les cieux, et que cet astre nouveau dispute à l'Ourse céleste l'honneur de diriger sur les mers les vaisseaux illyriens! » Ovide dépeint avec complaisance Ariane éperdue et ses blonds cheveux épars (*croceas irreligata comas*). Il s'agit bien là de cheveux d'un blond vif, puisque *croceas* signifie, à proprement traduire, *de couleur de safran*. Néanmoins, les Romains avaient pour les cheveux roux une extrême antipathie. Dans une comédie de Térence, *l'Heautontimorumenos*, Ctésiphon refuse la main de la fille de Phanocrate que son père veut lui faire épouser, et il motive son refus d'une manière plausible pour tous, en alléguant pour excuse que cette fille est rousse :

> Rufamne illam virginem?
> Non possum.

Ce *non possum* est vraiment éloquent. Martial, dans une de ses épigrammes, met au nombre des imperfections les plus repoussantes les cheveux d'un roux ardent :

> Crine ruber, niger ore, brevis pede, lumine læsus,
> Rem magnam præstat, Zoïle, si bonus est.

« Il est, dis-tu, rouge de cheveux, noir de teint, louche et boiteux? Qu'importe, Zoïle, la bonté l'emporte sur toute chose. »

Jamais la coiffure *à la Titus* ne fut adoptée par les femmes romaines; elles portèrent toujours les cheveux longs, ajustés selon certaines modes : celles qui les coupèrent ou même les rasèrent ne doivent être regardées que comme des exceptions, car elles n'agirent ainsi que par nécessité ou pour attirer l'attention par une singularité nouvelle. Les longues chevelures des dames romaines étaient si généralement prisées et jouissaient d'une telle vogue, que les jeunes élégants cherchèrent en laissant croître les leurs à s'approprier les grâces féminines : hommes et femmes rivalisèrent alors d'ingénieuses recherches pour trouver les moyens d'en hâter la croissance. Entrés, avec des armes inégales, dans le champ-clos de la coquetterie, ils s'y mesurèrent, ou du moins y mesurèrent leurs cheveux. Dans cette lutte impossible, les hommes furent battus, et cependant des empereurs y avaient pris part. « Suétone, Dion, Spartian, Lampridius, Hérodian, Eutrope et quelques autres historiens romains, dit L. Guyon en ses *Diverses leçons,* ont escrit que Domitius Nero, cinquiesme empereur de Rome, et Annius Varius, autrement appelé Héliogabale, ont eu toutes les envies d'estre femmes, et qu'ils mettoyent beaucoup d'artifice à se faire venir les cheveux semblables aux femmes, et qu'ils ne purent oncques. » Ce qui prouve encore que la *Titus* ne fut jamais une mode acceptée, ce sont les railleries dont les poëtes accablèrent les femmes qui s'avisaient de couper leurs cheveux : nous pourrions en faire de nombreuses citations, mais nous les croyons inutiles. Les danseuses elles-mêmes, qu'une longue chevelure pouvait cependant embarrasser, se gardaient bien de se priver de cet ornement. En voici une preuve : Cicéron donne à Gabinius le nom injurieux de *saltatrix tonsa* (danseuse tondue), parce que ce Gabinius avait pour la danse un goût trop vif, si l'on considère qu'il remplissait les fonctions graves de consul. Il l'appelle *danseuse tondue,* parce qu'à cette époque les Romains portaient les cheveux courts par dérision, tandis que les danseuses les conservaient longs.

Les anciens avaient un très-riche répertoire de noms pour désigner les coiffures nombreuses et très-variées dont se servaient les femmes. Il y avait la *mitre,* la *tholia,* la *strophe,* l'*anadème,* les *vittæ,* la *vesica,* le *reticulum,* l'*infula,* le *corymbion,* le *nimbus,* le *diadème,* le *calanthique,* le *caliendrum,* le *cucullus,* le *palliolum,* le *galerus,* la *calyptre* et le *flammeum.* Il se pourrait bien même qu'il y en eût encore quelques autres. La *mitre* était, dans l'origine, un ruban très-léger et très-étroit dont les femmes se ceignaient la tête pour contenir et orner en même temps leurs cheveux; témoin ce vers de Catulle :

Non flavo retinens subtilem vertice mitram.

« Laissant ses cheveux blonds s'échapper de la mitre diaphane. » Les *vittæ* étaient de larges rubans ou bandelettes, qui assujettissaient la coiffure, et à l'extrémité desquels étaient attachées d'autres petites bandelettes plus étroites, souvent de plusieurs couleurs, qui emprisonnaient le chignon, et qu'on nommait *tæniæ.* Le mot *vitta* s'est quelquefois pris pour le signe de la pudeur, parce que les *vittæ* étaient la coiffure distinctive des femmes honnêtes : les courtisanes n'auraient pas osé en faire usage. La *tholia* formait un réseau sous lequel on rassemblait les cheveux retroussés. On appelait *strophium* un simple bandeau de laine qui retenait et ornait la chevelure. Les Romaines avaient emprunté aux

Grecques l'*anadème,* genre de coiffure qu'Homère prête à Andromaque, en faisant entendre que c'était une espèce de natte ou de bandelette tressée : l'anadème des femmes de Rome n'était qu'un ruban uni, s'enroulant autour de la tête et y décrivant des spirales régulières. La *vesica,* que, malgré son nom, il ne faudrait pas prendre pour une vessie ni pour une calotte de peau, était un réseau ou filet brodé dans lequel on enfermait les cheveux de derrière. Le *reticulum* était une espèce de *vesica* dont se servaient aussi les hommes. « Il est encore incertain, dit Nicolaï, si le *reticulum* signifiait une fausse chevelure, quoique plusieurs commentateurs le pensent ainsi; mais il est sûr du moins que ce mot servait à indiquer un réseau destiné à contenir les cheveux, semblable à la *redezilla* des Espagnols, dont les Français ont formé le mot *résille.* Juvénal le dit expressément, en parlant d'un homme efféminé. Varron dit : *Quod capillum contineret, dictum à rete, reticulum;* et Isidore, qui vivait au septième siècle de l'ère chrétienne, s'exprime de même : *Reticulum est quod colligit comas.* Winckelmann nous apprend que, sur les médailles et dans les tableaux, il se trouve des têtes de femmes et de déesses, coiffées d'un réseau semblable à celui dont les femmes d'Italie se servent encore aujourd'hui dans leurs maisons. Cette sorte de bonnet se nommait *kecruphalos,* lequel, soit que ce fût un simple réseau ou une espèce de bonnet, ne ressemblait, suivant Julius Pollux, Hésychius et Suidas, nullement à une perruque. Nonius Marcellus, qui vivait au quatrième siècle, dit en général : «*Reticulum, tegmen capitis muliebre,* reticulum, coiffure à l'usage des femmes. » L'*infula,* épais cordon de laine blanche, des deux côtés duquel des bandelettes plus étroites servaient à l'attacher, était exclusivement réservée aux vestales. Les femmes, qui voulaient réunir leurs cheveux en touffe sur le haut de la tête et les y nouer, employaient le *corymbion.* L'Apollon du Belvédère et la Vénus de Médicis sont coiffés en corymbe. On appelait aussi, et primitivement, *corquebe* une coiffure faite de bouquets de lierre, en forme de grappes : d'où Bacchus est appelé souvent *Corymbifer.* Le *nimbus* était, selon Plaute, un bandeau dont les femmes usaient pour faire paraître leur front plus petit; quelquefois aussi, c'était un cercle de métal en forme de croissant. Le *diadème* devait être quelque chose d'analogue. On voit, par toutes les explications qui précèdent, que la plupart des coiffures en usage parmi les Romaines rentraient plus ou moins dans le genre des bandelettes et du réseau : toutes ces modes, plus différentes en apparence qu'en réalité, peuvent être regardées comme des variétés de la même coiffure. Nous n'avons rien à dire de la *calanthique,* si ce n'est que, par son étymologie grecque, elle signifie littéralement *belle fleur,* comme le *caliendrum,* autre ornement de tête dont nous ne connaissons pas la disposition, fut aussi le nom d'une perruque de femme ; nous nous réservons d'en parler ailleurs. *Galerus,* qui, plus tard, signifia aussi une perruque, s'entendit originairement d'un bonnet qui enveloppait entièrement la tête. Le *cucullus* était une sorte de capuchon. Le *palliolum,* qui semble avoir été à l'usage des deux sexes, était probablement un bonnet léger ou une calotte, dont on se servait à la maison pour se mettre à l'aise ou quand on était malade. Ovide, dans son *Art d'aimer*, conseille à un jeune homme de feindre une maladie de langueur, pour que sa maîtresse le croie vraiment épris, et il ajoute :

Arguat et macies animum ; nec turpe putaris
Palliolum nitidis imposuisse comis.

« Que votre maigreur soit l'indice de vos sentiments, et ne craignez pas de cacher sous un *palliolum* votre belle chevelure. » Quoi ! le *palliolum* aurait-il été, en effet, le bonnet de coton des anciens ? Mais alors, comment les femmes se résignèrent-elles à en porter ? Elles avaient, à deux mille ans de distance, deviné les Normandes ! La *calyptre* était une sorte de couvre-chef dont la forme ne nous est pas parfaitement connue. On appelait *flammeum*, à cause de sa couleur de flamme ou de pourpre, un voile dont les matrones se couvraient la tête : cependant il y en avait aussi d'un jaune vif. Les jeunes filles ne le prenaient que le jour de leurs noces, et seulement alors qu'elles allaient devenir femmes. Le *flammeum*, attribut naturel de la modestie et de la pudeur, qu'il protégeait, était porté par toutes les femmes de bonnes mœurs. Aussi, Tertullien nous apprend-il que les premières chrétiennes empruntèrent aux dames de Rome cette partie de leur costume.

La coiffure proprement dite, c'est-à-dire l'arrangement des cheveux, n'était pas soumise à moins de modifications et de changements que la coiffure, entendue dans le sens de couvre-chef. Les femmes avaient à faire un choix fort embarrassant parmi les innombrables manières alors usitées de disposer et d'orner les cheveux. En pareille matière, les décisions du sénat de femmes que créa Héliogabale pour délibérer sur la préséance, les honneurs de la cour et la forme des vêtements, leur auraient été fort utiles, car elles auraient fait autorité. Et quelle lumière leurs procès-verbaux, s'ils nous étaient parvenus, n'auraient-ils pas jetée sur cet intéressant sujet, dont plusieurs points restent malheureusement d'une obscurité désespérante pour nous ! « D'une infinité de coiffures différentes qui étaient en usage chez les dames romaines, dit Furgault, à peine en connaît-on quelqu'une assez imparfaitement..... On sait, en général, que les femmes se coiffaient en cheveux dans les derniers temps de la République, et que la différence n'était que dans la manière de les arranger..... » Mais ce n'est pas là une petite différence ! « La vertu, continue-t-il, avait aussi son ornement particulier, qui n'était qu'un seul ruban assez étroit, dont les femmes tressaient leurs cheveux et formaient ensuite plusieurs nœuds. Ovide l'appelle *insigne pudoris*. » Nous avons déjà parlé de cette bandelette innocente : c'était la *vitta*. Il semblerait, d'après un passage d'Horace, que quelques femmes se contentaient d'une élégante simplicité. Il demande à Pyrrha :

> Cui flavam religas comam,
> Simplex munditiis?

Ce qu'un rimeur traduit ainsi :

> Pour qui, sans faste et non sans art,
> Prends-tu soin de tresser ta blonde chevelure?

Mais tout nous porte à croire que Pyrrha était une estimable exception. Ovide, qu'il faut citer souvent quand on parle de la toilette des femmes romaines, donne aux belles de son temps des conseils et des leçons qui contiennent de précieux renseignements sur le sujet qui nous arrête. Cet extrait du troisième livre de l'*Art d'aimer* est trop long pour que nous en puissions transcrire le texte; mais en voici la traduction : « Disposez avec art votre chevelure; le plus ou le moins de soin y met toute la grâce; il est plus d'une manière de l'arranger : que chacune sache s'approprier celle qui lui sied le mieux, et son miroir doit là-dessus lui servir de conseil. Un visage un peu long demande pour accompagnement des cheveux sans frisure et séparés avec netteté : telle était la coiffure de Laodamie. Cette autre, par sa forme plus arrondie, veut un peu plus d'élévation et les oreilles plus dégagées. Que celle-ci laisse tomber ses cheveux flottants sur l'une et l'autre épaule, semblable à vous, ô Apollon, quand vous faites entendre les sons harmonieux de votre lyre! Que celle-là les relève près de la tête, avec un ruban, telle que Diane lorsqu'elle poursuit dans les bois les bêtes sauvages. Une coiffure lâche et bouclée sied mieux à l'une, et des cheveux artistement rapprochés conviennent mieux à l'autre; à telle autre, enfin, il est plus favorable de les rassembler sur sa tête en forme de volute imitant l'ondulation des flots. Mais, de même qu'on ne saurait compter les glands que produit le chêne touffu, ni les abeilles du mont Hybla, ni les bêtes féroces dont les Alpes sont le repaire, les différentes manières de se parer sont de même innombrables. Chaque jour amène une mode nouvelle. Une coiffure négligée sied très-bien à beaucoup de femmes, et telle que vous croiriez, à un certain abandon qui règne dans sa chevelure, n'y avoir pas touché d'aujourd'hui, sort à l'instant de sa toilette. Que l'art feigne le hasard : telle était la parure d'Yolé, lorsque Hercule, s'emparant de la ville qu'habitait le père de sa belle, s'écria à son aspect : « Cette beauté m'enchante! » Telle étiez-vous aussi, princesse de Crète, lorsque Bacchus, entouré des satyres qui célébraient sa gloire, vous trouvant abandonnée, vous emmena avec lui sur son char! »

Ovide a oublié, dans son énumération, la coiffure à la lacédémonienne, coiffure des plus simples, il est vrai, et à laquelle l'art était complétement étranger. Cependant elle n'était pas sans charmes, s'il faut en croire Horace, qui se connaissait aux choses de goût. « Qui, demande-t-il, qui nous amènera ici, par des chemins détournés, la courtisane Lydé? Va, dis-lui qu'elle apporte sa lyre d'ivoire et qu'elle vienne avec ses cheveux négligemment noués à la manière des dames de Lacédémone. » Pour les autres modes de coiffure des femmes romaines sous les empereurs, la numismatique nous fournira de précieuses indications. Si l'on veut savoir quelles sont celles qui florissaient du temps de Trajan, par exemple, on n'aura qu'à jeter les yeux sur les médailles de l'impératrice Plotine; de Marciane, sœur de l'empereur; de Matidie, sa nièce; de Sabine, femme d'Adrien, et des deux Faustine. Juvénal nous a laissé la peinture d'une femme à sa toilette, peinture faite à grands traits, avec cette énergie presque brutale, cette verve puissante et cette haute ironie qui lui sont propres. Ce saisissant tableau doit être mis ici sous les yeux de nos lecteurs. Qu'on n'oublie pas qu'il s'agit ici d'une riche patricienne, que la satisfaction immédiate de ses moindres désirs a rendue exigeante à l'excès, et que les préjugés qui de toutes parts l'environnent n'ont que trop formée à l'exercice d'une tyrannie domestique presque constante et aux vivacités cruelles des coquettes capricieuses.

> Disponit crinem, laceratis ipsa capillis,
> Nuda humeros psecas infelix, nudisque mamillis :
> — Altior hic quarè cincinnus? etc.

Mais traduisons : « Une malheureuse esclave, sa coiffeuse, les cheveux épars, le sein découvert, se hâte de la friser. — Pourquoi cette boucle inégale? — Aussitôt un nerf de bœuf punit cette criminelle impéritie. Qu'a fait la pauvre fille? Est-ce sa faute si ton nez te déplaît? Une autre vient peigner le côté gauche et donner à ses cheveux la dernière façon. Bientôt on appelle, on consulte une vieille, qui passa du peigne à la quenouille. Quand elle a donné son avis, les subalternes opinent à leur tour, chacune selon son âge et ses talents; le tout avec autant d'importance que s'il s'agissait de l'honneur ou de la vie, tant les femmes désirent de plaire! Elle bâtit sur sa tête un édifice à tant d'étages, qu'en face on dirait une Andromaque; par derrière, elle décroît, on la prend pour une autre. Passons-lui ces sortes d'artifices, si la nature ne lui donna qu'une taille raccourcie et telle que, dénuée de ses échasses, elle paraît plus petite qu'une Pygmée; si, pour baiser son amant, elle est contrainte de se hausser sur la pointe du pied! » Que de soins, que de sollicitude pour leur chevelure chez ces Romaines, dont la beauté, déjà si provoquante, s'entourait de tous les raffinements du luxe! Elles faisaient de ces mystères de la toilette leur principale et presque leur seule étude. N'avaient-elles pas à faire valoir comme excuse notre propre faiblesse? Les goûts des hommes ne leur donnaient-ils pas raison? C'est, comme le dit Ovide, par les recherches de l'élégance que nous nous laissons le plus facilement séduire : donc, ô déjà trop séduisantes matrones, point de cheveux en désordre.

> Munditiis capimur : non sint sine lege capilli !

Mais aussi que de temps les Romaines consommaient en apprêts et en essais de combinaisons nouvelles ! Sénèque leur reproche assez vivement d'employer toute la matinée à disposer leurs cheveux et à les mettre en belle ordonnance : « *Dum de singulis capillis in consilium itur,* » etc. Songez, leur dit-il, à la brièveté de la vie, dont vous perdez la moitié en occupations si futiles ! Saint Clément d'Alexandrie va plus loin dans ses accusations, que le philosophe païen ; mais il est mieux dans son rôle : il assure que les femmes les plus élégantes de Rome passaient des journées entières *inter pectinem et speculum,* entre leur peigne et leur miroir. Tibulle lui-même, le gracieux et délicat Tibulle, remarquant à quelle dépense de temps précieux entraîne un excès de soins, y trouve quelque chose à redire :

> Quid tibi nunc molles prodest coluisse capillos,
>   Sæpèque mutatas disposuisse comas ?
> Quid succo splendente genas onerasse ? quid ungues
>   Artificis docta subsecuisse manu ?
>
> . . . .
>
> Ipsa placet, quamvis inculto venerit ore,
>   Nec nitidum tarda comserit arte caput.

  « Pourquoi avoir si soigneusement orné ta belle chevelure et en avoir si souvent varié l'arrangement ? et ce fard dont tu embellis tes joues ? et ces ongles de rose, que tu fais couper par la main d'une savante artiste ?... N'es-tu point assez belle sans le secours de l'art, sans passer des heures à boucler ta brillante chevelure ? » Encore si Pholoë l'aimait, si elle ne se donnait tant de peine que pour lui plaire, Pholoë serait bien vite justifiée ! Car, après tout, les poëtes, eux aussi, sont enclins aux mignardises et aux délicatesses ; ils ne sauraient condamner avec sévérité aucune des charmantes inventions que met à profit la beauté. Ecoutez ce qu'en dit Properce amoureux : il veut que l'art ajoute à l'éclat naturel de la chevelure d'une jolie femme. Dès qu'elle est levée, il faut qu'elle peigne et lisse ses cheveux luisants :

> Et nitidas presso pollice finge comas.

  Telle autre cependant, nous dit Ovide, « avant d'avoir arrangé sa chevelure (*nondùm digestis manè capillis*), reste à demi étendue sur son lit de pourpre, et même alors son négligé a de la grâce ! » Heureux privilége de la jeunesse, qui a tous les avantages, à qui le désordre sied, et pour laquelle un certain abandon est un charme et une coquetterie de plus ! Mais quand la tête commence à blanchir, que faire ? — « Alors, répond Tibulle, vient la studieuse toilette : la chevelure se teint du suc de la noix verte, les cheveux blancs s'épilent, on voudrait changer de peau : »

> Tum studium formæ, coma tùm mutatur, ut annos
>   Dissimulet viridi cortice tincta nucis.

Tollere tunc cura est albos à stirpe capillos,
Et faciem dempta pelle referre novam.

Et puis, d'ailleurs, quel que soit l'âge d'une femme, il lui faut bien aussi réparer
les désordres qu'a causés l'aveugle fureur d'un amant à bon droit ou injuste-
ment jaloux. Et il paraît que ces petites scènes n'étaient pas plus rares dans
l'antiquité que de nos jours. « Alors, avoue Tibulle, s'échauffent les luttes de
Vénus : une femme se plaindra peut-être qu'un amant a arraché quelques cheveux, brisé quelques portes !

Sed Veneris tunc bella calent, scissosque capillos
Femina perfractas conqueriturque fores.

Il arriva au poëte des *Métamorphoses* de commettre de semblables irrévé-
rences : « Je me souviens, confesse-t il, d'avoir un jour, dans un accès de
colère, mis le désordre dans la coiffure de ma maîtresse. Hélas ! que cette vivacité me fit passer de cruelles journées ! »

Me memini iratum dominæ turbasse capillos :
Hæc mihi quàm multos abstulit ira dies !

Properce, lui, proteste contre ces violences, s'en déclare incapable, et ras-
sure au moins Cynthie, de ce côté-là : « Ne crains pas, lui dit-il spontanément,
que dans ma colère je m'en prenne aux vêtements d'une parjure, que je m'oublie jusqu'à forcer tes portes, jusqu'à renverser l'édifice de ta chevelure (*con-
nexos carpere crines*). » Ce bonhomme Sénèque était vraiment bien mal inspiré,
quand il s'avisa de diriger ses amers sarcasmes contre les femmes de son siècle,
qui passaient presque tout leur temps à soigner leur chevelure ! Que de choses
elles avaient à faire pour être vraiment élégantes ! Que d'opérations différentes,
longues en effet, mais indispensables pour que ces cheveux fussent bien entre-
tenus et que Rome, grâce à la coiffure accomplie de ses filles, réunît tous les
titres à la suprématie universelle ! Les femmes des maîtres du monde se devaient
bien à elles-mêmes et à l'empire de friser leurs cheveux et de les oindre de
substances parfumées et conservatrices. Arrêtons-nous un instant sur ces deux
points-là, et notons, avant de passer outre, les dangers que présentaient cette
frisure et l'emploi de ces pommades, au dire d'Ovide, dont on ne peut nier la
compétence. L'élégie : *Dicebam, medicare tuos desiste capillos,* etc., va nous
faire voir que toute bonne chose a son mauvais côté, et surtout que tout abus,
en matière de cosmétique, est grave et doit être soigneusement évité : « Je te
le disais bien de cesser de pommader ta chevelure. Tu ne la peindras plus : déjà
tu n'as plus de cheveux. Cependant, si tu les eusses conservés, qu'ils étaient
longs et épais ! Ils descendaient entre tes deux épaules jusqu'à tes talons.
Que dirai-je de leur finesse, si grande que tu craignais de les peigner ?... Ils
n'étaient point noirs, ils n'étaient point blonds : un mélange égal de l'un et

de l'autre formait leur couleur. Telle est dans les vallées humides du mont Ida la couleur du cèdre élevé dont on vient d'enlever l'écorce. Ajoute qu'ils étaient souples et se pliaient de mille manières sans te causer la moindre douleur. Quoiqu'ils fussent flexibles comme le tendre duvet, hélas ! combien de fois ils furent mis à la torture ! combien de fois ils subirent l'épreuve du fer et du feu, pour être pliés en boucles arrondies. « C'est un crime! m'écriai-je; oui, c'est un crime de brûler ces cheveux; ils s'arrangent d'eux-mêmes avec grâce. Cruelle, ménage ta tête, ne brûle point tes cheveux : ils montrent d'eux-mêmes à la pointe de l'aiguille l'endroit où elle doit s'enfoncer. » Ils sont tombés, ces beaux cheveux dont Apollon, dont Bacchus auraient voulu voir leur tête ornée! Je les mettrai en parallèle avec ceux qu'autrefois Dioné, toute nue, soutenait, dit-on, de ses mains mouillées. Pourquoi, dans ta douleur, repousser le miroir? Insensée, tu ne te regardes plus du même œil; mais, pourvu que tu plaises, tu dois t'oublier toi-même !... Ton malheur n'est point l'effet des herbes enchantées d'une rivale ou de l'eau puisée dans les sources d'Hœmonie par une perfide magicienne... C'est à ta coupable main que tu dois la perte qui te chagrine; c'est toi-même qui répandais le poison sur ta tête. » Ce n'est pas qu'Ovide réprouve d'ailleurs les recherches auxquelles se livrent les dames pour parer leur tête avec goût, il leur recommande même les soins les plus minutieux et les plus assidus, à la condition toutefois qu'elles sauront se soustraire aux regards indiscrets des hommes et que leur boudoir sera comme un sanctuaire impénétrable aux profanes, pendant qu'elles s'occuperont des apprêts de toilette dont le secret est nécessaire à l'amour. Il ne faut pas que le galant plein d'illusions surprenne sa maîtresse dans un désordre qui lui enlève tout d'un coup tous ses avantages et tout son prestige. » Et il a raison. « Que celle dont les cheveux sont médiocrement fournis, continue-t-il, mette un gardien à sa porte; qu'elle ne s'occupe de son ajustement que dans le temple de la Bonne Déesse (1). Il m'arriva un jour de me présenter à l'improviste à la toilette d'une belle, qui, toute troublée, posa, à l'instant, sur sa tête, sa fausse chevelure. Puisse un si honteux accident n'arriver qu'à une ennemie ! Puissent les seules filles du Parthe éprouver un pareil opprobre! Une bête écornée paraît difforme; on n'aime point à voir une prairie sans herbe et des arbres sans feuilles : une tête chauve forme un aussi triste coup d'œil ! » Mais les femmes qui sont belles, jeunes, et que leur perfection, qui peut se passer des ressources de l'art, exempte de tant de mystère, ne sont pas obligées de se cacher, quand elles se font accommoder la chevelure; ce sont les défauts de leur caractère, qu'elles ont seulement à dissimuler: « Je ne vous défends cependant pas absolument de former devant les hommes les tresses de vos cheveux, ou de les laisser épars sur vos épaules, en leur présence; mais gardez-vous surtout, pendant cette toilette, de montrer la moindre

(1) Le temple de Cybèle, où les femmes avaient seules la permission d'entrer.

mauvaise humeur ! Évitez de faire et défaire à chaque instant vos nattes ; que votre coiffeuse soit en sûreté auprès de vous : je ne puis souffrir de vous la voir gourmander sans cesse, ni que, dans vos mouvements d'impatience, vous lui fassiez sentir vos épingles sur les doigts ou sur les bras. Jugez si, en ajustant sa maîtresse, elle ne la maudit pas intérieurement ? Vous la voyez pleurer et, les mains ensanglantées, achever une coiffure qui doit lui être odieuse. » Ces détails achèvent le tableau tracé par Juvénal et en confirment l'exactitude. Ils nous font voir l'importance que les femmes attachaient au grand art de se coiffer joliment. Elles voulaient que, suivant le précepte du maître ès arts d'aimer et de plaire, un amant ne pût jamais tarir en éloges sur la beauté de leurs cheveux, et les comparât avec raison à ceux de Vénus et de l'Aurore. Il est vrai que ce même Ovide, un peu trop politique en amour, engage un jeune homme à louer quand même, à outrance et de parti pris, les cheveux de sa maîtresse ; ce qui, au besoin, dispenserait celle-ci de procéder à tant de difficiles arrangements : « Se coiffe-t-elle en boucles flottantes ? rendez hommage à son goût ; frise-t-elle sa chevelure ? Ah ! direz-vous, la frisure est charmante ! »

Compositum discrimen erit : discrimina lauda.
Torserit igne comam : torte capille, places !

Le cabinet de toilette d'une dame romaine était comme une espèce de laboratoire où se voyaient épars de nombreux instruments destinés au travail mystérieux d'une réparation quotidienne. Pour séparer ses cheveux sur le devant de la tête, elle se servait d'aiguilles appelées *discriminalia*, et non pas *discriminales*, comme quelques auteurs l'ont écrit. Ces aiguilles, accessoire employé pour ce seul usage, ne faisaient pas partie de la coiffure. « Les femmes, dit Tertullien, tournent leurs cheveux à droite à l'aide d'une aiguille qu'elles manient délicatement : la raie qu'elles laissent sur le devant les fait reconnaître pour femmes mariées. » C'était, en effet, l'un des signes qui distinguaient les matrones. Le jour des noces, on séparait les cheveux de la mariée avec la pointe d'une lance, pour faire entendre qu'elle devait donner naissance à des hommes courageux, et fournir ainsi à la patrie des défenseurs. Outre les *discriminalia*, il y avait des aiguilles, nommées *crinales* ou *comatoriæ*, avec lesquelles on attachait les cheveux relevés, tortillés et enroulés. On s'en servait aussi, pour retenir ces boucles légères et ondulées, qui tombaient derrière ou devant les oreilles, et que les Grecs appelaient πλόκαμοι, et les Romains *cirri* ou *cincinni*. Ces aiguilles étaient employées non-seulement à Rome, mais en Grèce et dans tous les pays où avaient pénétré les modes romaines. Dion Cassius prétend que ce fut avec la flèche qui attachait ses cheveux, que Cléopâtre se donna la mort. Il y avait des *aiguilles crinales*, droites, brisées ou circulaires ; leur longueur variait de trois à huit pouces. On en faisait en or, en argent, en ivoire et en cuivre. Elles affectaient toutes sortes de formes, et la main patiente des artistes les plus habiles les enrichissait quelquefois de manière à en faire de précieux objets de luxe et de curiosité : on les gravait, on les ciselait, on les sculptait, on les ornait de pierreries du plus haut prix. Il y en a, dans les collections d'antiquités, qui ont pour têtes des figurines de divinités, et principalement de Vénus, d'un travail fort remarquable. Pour friser, boucler et rouler les cheveux, on se servait d'un fer en forme de roseau creux, appelé *calamistrum*. L'épithète de *calamistrata* s'appliquait aux personnes dont les mœurs dissolues étaient de notoriété publique ; ce qui ferait croire que les cheveux frisés et en anneaux n'étaient en usage que parmi les femmes de vie équivoque et les courtisanes. Les esclaves, chargées d'appliquer les pommades sur les cheveux, de les poudrer, de les friser avec le *calamistrum* et de les passer à la cendre pour en modifier la couleur, se nommaient, à cause de ce dernier emploi, *ciniflones* et *cincrarii*. On désignait par le nom de *plecades* les filles dont la fonction était de coiffer les dames romaines. Ces plécades étaient placées sous la protection immédiate de Vénus, à cause de la belle chevelure que les poëtes avaient donnée à cette déesse, et dont, suivant eux, elle prenait un si grand soin. Nous avons vu dans Ovide et dans Juvénal à quels châtiments rigoureux la moindre négligence exposait ces malheureuses, malgré le divin patronage de Cypris.

A Rome, les hommes n'étaient pas moins soigneux de leur chevelure, que les femmes de la leur. C'est de quoi les blâme Ovide : « N'allez pas vous occuper à friser vos cheveux et à vous frotter avec la pierre ponce pour vous adoucir la peau? Laissez ces apprêts aux prêtres efféminés de Cybèle : un air négligé sied à l'homme. (*Forma viros neglecta decet.*) Thésée, sans employer le secours de l'art à relever sa chevelure, sut gagner le cœur d'Ariane ; Phèdre aima Hippolyte, qui n'était nullement recherché dans sa parure ; Adonis vivait dans les bois et sut plaire à la mère des Amours. » Cet anathème lancé contre ceux qui prenaient de leur personne un soin extrême, peut sembler étrange et surprenant de la part d'Ovide, car tout son *Art d'aimer* dément de tels préceptes. Du reste, ces leçons de quasi-austérité eussent été peu acceptées, si on avait forcé la jeunesse dorée de son temps de les mettre en pratique. Et ce n'est pas à Rome seulement, mais dans toute l'Italie, que régnaient ces habitudes un peu efféminées. Le tyran de Cumes, Aristodème, les avait érigées en moyens de gouvernement. Nous lisons dans Denys d'Halicarnasse, que, voulant énerver le courage des jeunes gens, il leur commanda d'orner de fleurs leurs cheveux, et de se faire suivre en allant au bain par des femmes qui portaient des parasols, des éventails et des parfums. Cette éducation durait jusqu'à leur vingt-unième année. A Rome, il n'était pas besoin d'une loi expresse pour que les hommes se couronnassent de roses et de myrte, Horace en fait foi. Et ce n'est pas seulement jusqu'à vingt ans, mais bien pendant toute leur vie, qu'ils manifestaient un goût très-vif pour l'art et les artifices des coiffeurs et des tondeurs de cheveux (*tonsores*). Les pauvres eux-mêmes fréquentaient assidûment les *tonstrinæ*, boutiques des perruquiers de bas étage, soit dit au propre et au figuré.

Assurément, il n'y a, dans tout ce que nous avons dit des soins minutieux et un peu exagérés que les élégants de Rome prenaient de leur chevelure, rien qui soit de nature à faire condamner sévèrement leur conduite. Ce n'était, après tout, qu'un extrême amour de soi-même, une qualité essentielle poussée jusqu'à sa dernière limite : cette scrupuleuse attention qu'ils apportaient aux détails de leur coiffure, ce goût naturel d'une tenue irréprochable avaient leur point de départ dans l'ordre, qui n'est certes pas un défaut ; dans le désir de plaire, qui ne saurait être un crime, et dans la propreté, que saint Augustin appelle une demi-vertu. Le rigide Sénèque n'était cependant pas de cet avis, et nous ne pouvons nous dispenser de faire connaître son sentiment là-dessus. C'est à son ami Lucilius qu'il adresse cette violente diatribe contre l'épicuréisme qui le scandalisait : « N'espérez rien de mâle et de solide, lui écrit-il, de ces jeunes gens que vous connaissez, qui ont grand soin de leur barbe et de leur chevelure, qu'on trouve toujours à leur toilette, et qui sont aussi propres que s'ils sortaient d'une boîte... Quoi ! appelez-vous *oisifs* des gens qui passent plusieurs heures chez les barbiers pour se faire arracher le poil qui leur est venu la nuit d'auparavant ? pour délibérer sur chacun de leurs cheveux ? pour rétablir ceux qui se sont dérangés ? pour faire revenir sur le front ce qui leur en manque ? Considérez, je vous prie, comment ils s'irritent, lorsque le barbier est un peu négligent ! Ne dirait-on pas qu'il s'agit de raser un homme tout entier ? Voyez comme ils entrent en furie, lorsqu'il leur tombe quelque cheveu, lorsqu'ils en aperçoivent un qui n'est pas bien arrangé, qui est mal bouclé ! Ils aimeraient mieux, tous tant qu'ils sont, que la République fût en désordre, que leur chevelure ! ils ont plus de soin de la beauté de leur tête, que de leur propre vie ! Ils préféreraient être bien coiffés à être vertueux. Non, non, je le répète ! on ne peut être oisif, quand on est perpétuellement entre les mains du barbier. » Le philosophe romain se rencontre dans cette vive sortie avec Hector, qui, en un passage de l'Iliade, reproche à Pâris son attachement pour sa chevelure.

Nous n'avons dit encore que peu de choses des parfums. Il est certain que dans l'antiquité on en faisait un grand usage. Il y a sur les cheveux de Vénus un distique de Virgile que traduit ainsi l'abbé Delile :

> De ses cheveux divins les parfums précieux
> Semblent en s'exhalant retourner vers les cieux.

Ovide parle dans une de ses élégies de la « rosée des myrtes de Tyr répandue sur une chevelure flottante. »

> Stillabat Tyrio myrtea rore coma.

Il dit encore ailleurs :

> Jamdudùm Tyrio madefactus tempora nardo

Debueram sertis implicuisse comas.

« Déjà depuis longtemps mes cheveux devraient être parfumés du nard de
Tyr et enlacés de fleurs. » Mais c'étaient surtout les femmes qui se servaient de
précieuses essences pour leurs cheveux. Le luxe fut poussé plus loin et dépassa
tout ce qu'on pouvait imaginer de plus excessif. Les femmes riches et quelquefois les hommes efféminés, qui s'étudiaient à vivre et à se parer comme elles,
couvrirent leurs cheveux de poudre d'or, mode que les Romains semblent avoir
empruntée aux Athéniennes, qui répandaient sur les leurs une poudre jaune
comme le safran. Ce furent surtout des empereurs qui, parmi les hommes, donnèrent l'exemple de cette innovation singulière et la mirent en crédit. Jules
Capitolin dit positivement que Lucius Verus se semait de la poudre d'or dans les
cheveux. Trebellius Pollio en dit autant de l'empereur Galien. Lampride rapporte, de son côté, que Commode saupoudrait sa chevelure de raclure d'or pour
les rendre plus brillants. « Cependant, dit Nicolaï, le véridique Hérodien doute de
ce fait, et assure que les beaux cheveux frisés de Commode luisaient naturellement au soleil, puisqu'ils étaient d'un blond doré. »

Nous voici naturellement amené à parler des diverses teintures pour les cheveux, dont l'antiquité fit un usage assez immodéré. Thiers, dans son *Histoire
des Perruques*, et Molé, dans son *Histoire des Modes*, nous donneront sur ce
point des renseignements excellents à recueillir. « Un agrément, nous dit le
premier, que les hommes et les femmes du monde recherchaient autrefois plus
communément qu'ils ne font aujourd'hui, c'était de se teindre les cheveux et les
sourcils; les hommes se teignaient aussi la barbe, et la couleur que les uns et
les autres donnaient soit à leurs sourcils, soit à leurs cheveux, soit à leurs barbes, se réglait ou selon le caprice ou selon la mode. En certains pays le blond,
surtout quand il était doré et enflammé, en d'autres le noir, étaient les couleurs
ordinairement les plus estimées. Il y en avait encore d'autres dont on faisait cas
parmi certains peuples. Mais cet agrément a souvent donné matière de raillerie,
de mépris et d'indignation aux païens mêmes. » On voit, par cette citation déplo-
rablement textuelle, que le style de Thiers est fort mauvais et aurait besoin lui-
même d'une légère *teinture* de rhétorique et d'élégance : ce qui n'empêche pas
cependant Molé de le copier littéralement toutes les fois qu'il trouve une occasion
propice au plagiat. En pareil cas, qui est le volé? C'est, sans contredit, le lecteur.
Mais ces écrivains sérieux, et qui, par leur position, ont des prétentions à la
gravité, n'en font jamais d'autres! Ne nous laissons pas entraîner trop loin
par ces considérations purement littéraires, et revenons à la question, c'est-à-
dire à la teinture des cheveux. Cet *agrément*, comme dit Thiers en son langage
agréable, est de toute antiquité. Les Hébreux le connaissaient et en usaient, au
mépris de la loi de Moïse. On pense bien que ce ne fut pas quand l'influence
romaine domina en Judée, qu'il dut y tomber en désuétude. Nous voyons qu'à
cette époque l'exemple y partait de haut, absolument comme à Rome! Le roi

Hérode, qui commençait à vieillir et qui en était très-fâché, s'avisa de teindre sa barbe et ses cheveux pour dissimuler son âge : Thiers ne dit pas s'il *atteignit* son but. En Grèce et même dans la Macédoine, qui en était la partie la moins avancée en civilisation, on se teignait avec une bonne grâce et un soin, qui témoignaient visiblement du désir qu'on avait de plaire. Il paraît toutefois que le roi Philippe ne goûta pas cette mode, si utile cependant aux galants sur le retour, et qu'il dirigea contre elle une croisade, à la tête de laquelle il se mit intrépidement et dont la première victime fut Antipater, à ce que dit, d'après Suidas, notre historien Thiers. Ce ministre (nous parlons d'Antipater) se faisait teindre les cheveux et la barbe. Le roi, son maître et son ami, mais le maître seul se fit voir ce jour-là, le roi s'en aperçut, et, pour parler comme la Genèse, il ne le trouva pas bon. Il le destitua sur-le-champ (ne pas confondre), peut-être un peu brutalement, alléguant pour raison qu'un homme qui n'était pas sincère dans ses cheveux ne pouvait l'être en politique. C'était sans réplique. Aussi, Antipater ne réfuta-t-il pas l'argument royal : il effaça sa personnalité et sa teinture ; il se soumit, en étant quitte, comme tous les ministres renvoyés, à changer encore une fois de couleur. C'est pourquoi Thiers, pénétré de l'importance de cette leçon à l'usage des hommes d'État qui se *teignent* et qui *feignent*, et voulant la perpétuer, a choisi pour épigraphe de son histoire la belle maxime du roi Philippe, et l'y a inscrite sur la première page, en gros caractères : IN CAPILLIS INFIDUM, IN REBUS GERENDIS FIDE DIGNUM ESSE NE PUTA. Alexandre-le-Grand hérita des préventions paternelles. Voyant un jour un Macédonien occupé à teindre ses cheveux blancs, il l'apostropha en ces termes : « Vieillard, si vous tenez absolument à faire des réparations à votre personne caduque, vous feriez mieux d'étayer vos genoux. » Lequel vaut le mieux de ces deux mots ? Celui du père ou celui du fils ? Qu'on en juge : voilà les pièces. En tout cas, l'un est d'un utilitaire, l'autre d'un moraliste.

Les Romains, qui, ainsi que nous l'avons déjà dit, avaient une prédilection particulière pour les cheveux d'un blond éclatant, quoique ou peut-être parce que les leurs étaient généralement noirs, devaient chercher les moyens d'obtenir artificiellement la couleur favorite, et, ces moyens trouvés, s'empresser de les employer. C'est ce qui arriva. Les diverses pommades et les herbes de Germanie propres à donner ce résultat obtinrent chez eux un énorme succès. Les femmes surtout mirent le plus grand empressement à profiter de ces découvertes. Elles ne reculèrent devant aucune dépense pour se procurer les eaux merveilleuses, les savons tinctoriaux et toutes les compositions imaginées en haine des cheveux bruns. Tous ces procédés faisaient fureur. C'était à en mourir de dépit, si l'on était chauve ! Aussi, trouvons-nous cruelle la raillerie que se permet Martial à l'endroit d'une vieille femme qui avait perdu tous ses cheveux et à laquelle il offre des boules de savon de Marpurgh :

Si nutrire paras longævos cana capillos,
Accipe Mattiacas (quo tibi calva !) pilas.

Du reste, Martial, cet impitoyable gausseur, toujours prêt à vous tirer l'épigramme à bout portant, ne manque jamais une occasion de tourner en ridicule les hommes et les femmes de son temps qui donnaient dans l'emploi de tous ces cosmétiques menteurs. Un jour il se moque d'un nommé Lentinus, qui, ayant à cœur de paraître jeune en dépit des années accumulées sur sa tête, avait teint en noir ses cheveux blancs : « Eh quoi! s'écrie le poëte ironiquement, cygne il n'y a qu'un moment, te voilà corbeau! »

> Mentiris juvenem tinctis, Lentine, capillis :
> Tam subitò corvus, qui modo cycnus eras.

Du temps de ce satirique, les Romains qui se teignaient les cheveux ne pouvaient en même temps se teindre la barbe, n'en portant pas. Il en résultait que leur chevelure était noire et leur barbe renaissante blanche : nous parlons des vieillards. Cette étrange bigarrure ne pouvait manquer de provoquer un quolibet du faiseur de bons mots : « Ta barbe est blanche et tes cheveux noirs, pourquoi? C'est que tu ne peux teindre ta barbe et que (sens plutôt?), tu peux teindre tes cheveux. »

> Cana est barba tibi : nigra est coma, tingere barbam
> Non potes; hæc causa est : sed potes : ole, comam.

Martial n'est pas le seul poëte dont la verve sarcastique se soit prise aux cheveux teints. « On trouve, observe Thiers, diverses épigrammes dans l'*Anthologie* sur de semblables sujets. Il y en a une de Myrinus contre une vieille qui teignait ses cheveux blancs, pour ne point paraître ce qu'elle était; une de Lucillius contre Thémistonoé, qui paraissait jeune, parce qu'elle avait des cheveux teints; une du même poëte, contre une autre vieille à qui il dit qu'elle est folle de teindre ses cheveux et de se farder, parce que, d'Hécube qu'elle est, elle ne deviendra jamais Hélène; une enfin de Nicias, contre un vieillard devenu chauve comme un œuf, à force de faire teindre ses cheveux, et à qui son teinturier dit qu'il n'avait plus besoin de barbier à l'avenir, parce qu'il n'avait plus ni cheveux blancs, ni cheveux noirs à couper. » On trouve aussi dans Ausone une épigramme dont le tour est vif et le trait piquant. Un vieillard, nommé Myron, sollicitait les faveurs de Laïs, la courtisane fameuse : il essuya un refus trop facile à prévoir, mais néanmoins humiliant. Il comprit qu'il devait cet échec à ses cheveux blancs : aussi, ne fut-ce qu'après les avoir fait teindre qu'il se présenta de nouveau devant la belle hétaïre pour la presser de lui accorder ses faveurs. Mais Laïs, peu touchée d'un changement si partiel, demeura inflexible, et lui répondit avec un esprit plein de charmante finesse : « Pauvre sot! pourquoi venez-vous me demander ce que j'ai déja refusé à votre propre père? » Donner aux cheveux une couleur artificielle était une méthode qui ne convenait pas plus à Properce qu'à Martial et aux auteurs de l'*Anthologie*, surtout quand cette couleur était le bleu. — Eh! quoi donc! des cheveux bleus? va s'écrier le lecteur incrédule. — Des cheveux bleus, oui, vraiment. — Mais cela devait être hideux! — Nous sommes loin d'en disconvenir. Mais, si vous doutez de la réalité du fait avancé, encore un coup, écoutez, il n'y a pas d'indiscrétion, Properce gourmandant sa chère Cynthie : « Ta folie maintenant est de te farder le visage à la manière des Bretons. Crois-moi, il n'y a de vraie beauté que celle de la nature, et des couleurs belgiques ne peuvent qu'enlaidir une tête romaine. Que tous les supplices du Ténare punissent l'insensé qui fit perdre à ses cheveux leur teinte naturelle! Rends-moi souvent heureux, ma Cynthie : à ce prix, tu seras belle et toujours assez belle à mes yeux! De ce qu'une folle se peint en bleu le visage et la chevelure, s'ensuit-il que ce fard embellisse? » Tout le monde de répondre négativement, sans hésitation aucune : nous ne croyons, d'ailleurs, pas que cette teinture bleue (*cæruleus fucus*) ait jamais été employée généralement, et les vers même de Properce autorisent notre opinion. Ovide semble être le seul des principaux poëtes des beaux temps de Rome, qui ne fasse point chorus pour censurer l'usage des teintures : il félicite, au contraire, le sexe enchanteur, mais imparfait comme tout ce qui est humain, des moyens que la nature indulgente lui a fournis de voiler ses défauts : « Une femme cache ses cheveux blancs en les teignant avec l'herbe de Germanie; l'art lui procure une couleur préférable à celle de la nature. » Nous voilà bien loin de l'invincible répulsion de Properce pour le fard breton, et du dédain de Martial pour le savon de Hesse! Nous avons parlé des cheveux teints en bleu et en jaune; nous devons ajouter, pour n'induire personne en erreur, que l'on obtenait également toutes les autres nuances, et que les partisans du changement, qui voulaient passer d'une couleur à une autre, n'avaient que l'embarras du choix. « Ces différents préparatifs, remarque Molé, avaient sans doute de quoi satisfaire les Romains efféminés; mais il paraît qu'ils étaient sujets à de terribles inconvénients : la force des drogues qui entraient dans la composition des teintures devenait par la suite très-funeste à ceux qui en avaient imploré le secours; les cheveux desséchés tombaient; l'on était réduit à une triste calvitie. » On ne comprend guère que certaines substances et certains moyens propres à faire disparaître entièrement les cheveux blancs aient pu partager la vogue avec les teintures blondes ou brunes, même les plus pernicieuses; car enfin pourquoi se détruire les cheveux quand on peut les teindre, même en s'exposant à les perdre plus tard? En pareil cas, c'est tout gagner que de gagner du temps. Cependant il ne faut que lire quelques auteurs latins, pour se convaincre qu'à Rome on s'ingéniait à l'envi, afin de se rendre chauve le plus vite et le plus commodément qu'il se pouvait. Nicolaï l'a constaté : « C'était l'usage, dit-il, parmi les gens à la mode de Rome et de la Grèce de s'arracher les cheveux avec de la pierre ponce, ainsi que de les faire tomber par un certain onguent (*psilothria*). Outre la pierre ponce, on employait encore pour cet effet, sans doute parmi les gens riches, l'*ostracias* ou *ostracites* (probablement des os de sèche). Voyez l'*Histoire naturelle* de Pline. Dioscoride en parle aussi. » A ces diverses manières de s'épiler, il faut ajouter la plus naturelle et la plus facile, qui est de s'arracher soi-même ses cheveux blancs au fur et à mesure qu'ils osent se montrer. Cette méthode simple était pratiquée aussi par les élégantes Romaines : « Que ton miroir te reproche tes rides toutes les fois que tu voudras épiler tes cheveux blancs ! » dit Properce, entre autres aménités, dans une de ses élégiaques imprécations à sa maîtresse perfide :

> Vellere quum cupies albos à stirpe capillos,
> Ah ! speculo rugas increpitante tibi !

Il va sans dire que rien de ce que nous avons dit jusqu'ici des égards des anciens envers leur chevelure ne s'applique aux philosophes, qui, s'attachant à faire exception en toutes choses, la négligeaient avec affectation, autant que les gens du monde la soignaient précieusement. Souvent même, ils n'en portaient pas, ou presque pas du tout. Juvénal, stigmatisant de son vers ineffaçable ces prétendus sages qui, tout souillés de vices, affichaient la vertu et prétendaient exercer la censure des mœurs, dessine ainsi un trait de leur curieuse physionomie :

> Rarus sermo illis, et magna libido tacendi,
> Atque supercilio brevior coma.

« Ils parlent rarement, ont la manie de se taire, et portent les cheveux plus courts que les sourcils. » Les dieux, qui eux du moins ne se piquaient pas de philosophie ni d'austérité, portaient la plupart de longs cheveux agencés avec art. Il eût été difficile de dire qu'entre eux et les sophistes, qui avaient la prétention de s'en rapprocher le plus, il n'y avait que l'épaisseur d'un cheveu. Bacchus avait sous la mitre lydienne de magnifiques cheveux, et Apollon *Comœus* n'avait pas à la lui envier ; le poëte leur rend un égal hommage.

> Solis æterna est Phœbo Bacchoque juventus :
> Tam decet intonsus crinis utrumque deum.

« Apollon et Bacchus, à vous seuls appartient la jeunesse éternelle, vous dont la longue chevelure est si belle sans ornements ! » Hélas ! Apollon ne pouvait guère en prendre soin quand il gardait les troupeaux d'Admète et qu'on le voyait traverser les champs avec un jeune veau sur ses épaules. « Que de fois alors Latone gémit de l'abandon de cette chevelure sacrée que la marâtre Junon avait elle-même admirée ! A voir cette tête hérissée, ces cheveux négligés, qui n'eût redemandé les tresses ondoyantes du bel Apollon ? » Minerve, elle aussi, avait de superbes cheveux blonds, éclatants comme les rayons dorés du soleil, et c'était par cette splendide chevelure que souvent juraient les anciens. Les prêtres et les prêtresses portaient aussi assez généralement les cheveux longs. Les femmes consacrées au service de Cybèle retenaient les leurs avec une bandelette de pourpre. Dans les lustrations et les fêtes de Cérès au milieu des champs, les jeunes gens et les jeunes filles, qui aux processions marchaient à la suite de l'agneau sacré, se ceignaient les cheveux d'olivier. Les vestales avaient la tête couronnée de la bandelette sacrée (*vittatæ*). Voilà pourquoi Tibulle recommande à Délie que sa fille soit chaste autant que si la *vitta* renouait sa belle chevelure (*ligatos impediat crines*), c'est-à-dire comme si elle était vestale.

Quand femmes, jeunes gens, empereurs, dieux, prêtresses, tous enfin, hormis les philosophes moroses, étaient d'accord pour proclamer le charme d'une belle chevelure et la suprême grâce d'une coiffure élégante, comment la poésie n'aurait-elle pas mêlé son encens embaumé à ce concert de louanges? Il n'est peut-être pas un seul des poëtes de l'antiquité, parmi les plus illustres comme parmi les plus obscurs, qui n'ait célébré l'attrait mystérieux et irrésistible des cheveux souples et soyeux d'une jolie femme. Homère a immortalisé *Hélène à la belle-chevelure*, et il n'a trouvé de plus beau surnom à donner aux Grâces, que celui de *Calliplocomes, aux beaux cheveux*. Ouvrez l'*Anthologie*, et vous y admirerez Vénus toute nue, « qui exprime de ses longs cheveux humides l'écume blanche dont elle vient de naître. » Ce dont Ovide a fait ce vers harmonieux :

Nuda Venus madidas exprimit imbre comas.

Des *cheveux de Vénus*, que reste-t-il? Un nom, mais c'est celui de la nigelle de Damas (*nigella damascena*), grande et brillante fleur bleue, de la famille des renoncules, à la physionomie délicate, au feuillage élégamment découpé. Après l'*Anthologie*, qu'on lise les *Sylves* de Stace; on y trouvera un pompeux éloge de la chevelure : *Ite comæ*, etc. Claudien, lui, trouve si voluptueuse la chevelure telle que les dames romaines savaient la disposer et la parer, qu'il ne craint pas de plier ses vers aux détails presque techniques de la toilette de tête : « Celle-ci, dit-il, arrose ses cheveux d'une pluie de nectar ; celle-là les sillonne avec les dents d'un peigne d'ivoire ; celle-là enfin en varie l'ordonnance et en divise régulièrement les orbes. » Ce sont principalement les poëtes amoureux qui ont chanté la chevelure ; car ils faisaient passer dans leurs écrits, comme une confidence dans l'oreille d'un ami, toutes les sensations de plaisir qu'ils avaient éprouvées en réalité. Or, quoi de plus doux que de caresser les cheveux d'une maîtresse passionnément aimée. Aussi, comme Anacréon insiste auprès du peintre qui fait le portrait de celle qu'il aime, pour que ses beaux cheveux noirs et ondoyants soient fidèlement reproduits !

> Que de sa tête, épanchés au hasard,
> Ses noirs cheveux négligemment descendent!
> Et, si Phébus le permet à ton art,
> Que des parfums à l'entour se répandent!

Les cheveux de Cynthie flottent-ils à l'abandon sur son front, Properce chante ce désordre, et l'orgueil de la capricieuse fille en triomphe :

Seu vidi ad frontem sparsos errare capillos,
Gaudet laudatis ire superba comis.

Apulée ne s'inquiète pas davantage, en son enthousiasme, du degré d'art qu'a déployé Aréthuse dans sa coiffure du matin : que ses cheveux soient artistement arrangés ou flottent avec négligence sur ses épaules d'albâtre, il les aime toujours. Il en est de même de ceux de Sulpicie, ils sont toujours beaux pour Tibulle : qu'ils soient dénoués, qu'ils soient dressés ou relevés, peu importe, ils sont adorables! Le désordre charmant de ceux de Délie (*longos turbata capillos*) ne lui plaît pas moins. « O belle Lydie, murmure à son tour Gallus d'une voix suppliante, déroule à mes yeux ces tresses blondes plus brillantes que l'or et qui se jouent sur ce cou de cygne, sur ces épaules éclatantes de blancheur, » etc. (*Pande, puella, pande capillulos flavos, lucentes ut aurum nitidum.*) Horace n'aime pas seulement les beaux cheveux, il les estime à ce point qu'il les regarde comme un des dons les plus précieux que les dieux aient faits aux hommes; aussi, quand sa maîtresse l'a trompé, s'étonne-t-il que ces mêmes dieux permettent à la parjure de conserver ses cheveux aussi longs et aussi beaux qu'avant sa trahison! Chez Horace, cet Alcibiade de la poésie, une telle admiration des beaux cheveux se conçoit aisément; mais qui se serait attendu à rencontrer Néron parmi les poëtes idolâtres de la chevelure des belles? Et cependant lui-même, le sanguinaire fils d'Agrippine, il a chanté les cheveux de sa Poppée! Dans un livre du seizième siècle, intitulé *Remontrances aux dames et damoyselles de France sur leurs ornements dissolus*, se trouve le passage que voici : « Les historiens font foy que l'empereur Néron, après avoir longtemps fait la cour à Poppea Sabina, fut tant assoté et si doucement charmé de ses cheveux, qu'à la louange d'iceux composa des vers héroïques, lesquels luy-mesme chantoit et touchoit sur un instrument. Nous lisons pareillement qu'il ne fut content de cela, *mais qu'il les compta les uns après les autres, et donna le nom à chacun d'iceux*, pour les nommer et appeler, et de chacun faire une chanson : d'abondant, luy feit faire un peigne d'or pour les peigner; et toutes les fois qu'il en tomboit un, il le faisoit enchâsser en or et le mettoit au temple, sur le chef de la déesse Junon. » Certes Néron n'était point avare d'excentricités, mais celle-là dépasse toutes les autres de cent coudées; et peut-être fut-ce dans un moment d'impatience, causé par ce dénombrement difficile des cheveux de sa chère Poppée, qu'il la tua d'un coup de pied dans le ventre! Mais, nous-même, avons-nous passé en revue, avec une exactitude qui vaille la sienne, les chevelures illustrées par les poëtes? Non; il en est encore une, pour laquelle ils ont épuisé toutes les hyperboles du dithyrambe le plus échevelé, et nous n'en avons rien dit. « Nous ne t'oublierons pas, nous écrierons-nous avec Deguerle, nous ne t'oublierons pas, aimable reine d'Égypte, tendre et chaste Bérénice, toi dont la blonde chevelure, immortalisée par Callimaque et Catulle, passa du temple de Vénus-Zéphyride aux voûtes de l'Empirée! » On sait que Bérénice, fille de Ptolémée Philadelphe et d'Arsinoë, ayant sacrifié à Vénus et suspendu dans son temple ses magnifiques cheveux pour obtenir de la déesse le retour de son mari Ptolémée Évergète, les dieux les enlevèrent et les placèrent dans le ciel, transformés en étoiles. La *Chevelure de Bérénice*, constellation que les Arabes désignaient par un faisceau d'épées et à laquelle ils avaient donné le nom d'*Husimethon*, est un groupe de quarante-deux étoiles; anciennement, elle n'en comptait que sept. Les étoiles ont poussé comme les cheveux de Bérénice.

Personne ne doutera, après avoir lu les lignes qui précèdent, qu'il ne soit très-facile, en feuilletant les poëtes de l'antiquité, de composer en l'honneur des cheveux un centon raisonnablement volumineux, du panégyrisme le plus outré. Mais la poésie n'a fait que la moitié de son devoir et laissé sa tâche inaccomplie. Elle devait non-seulement faire ressortir l'éclat et la beauté de la chevelure des femmes, mais encore son utilité dans de solennelles occasions et les actes d'héroïsme dont elle fut plus d'une fois l'instrument. Végèce rapporte que dans Carthage, assiégée par les Romains, les cordes nécessaires pour faire mouvoir les machines de guerre étant venues à manquer, toutes les femmes s'empressèrent de couper leurs cheveux, et les tressèrent de manière à en faire des câbles d'une incomparable solidité. Les Romaines, pour résister aux Gaulois; les Marseillaises, pour prolonger la défense de leur ville contre Jules César; les femmes d'Aquilée, pour ne pas se rendre à l'empereur Maximin, s'imposèrent spontanément le même sacrifice. Que toute femme parfume et frise sa chevelure depuis le lever du soleil jusqu'à son coucher, à condition qu'elle la fera servir, s'il en est besoin, à la délivrance de sa patrie menacée du joug étranger, et personne n'osera lui reprocher le temps qu'elle passera devant son miroir. Le sénat de Rome, pour témoigner sa reconnaissance aux femmes qui avaient donné cette preuve éclatante de dévouement à la chose publique, fit élever un temple à Vénus sans cheveux : *In honorem matronarum templum Veneri calvæ senatus dicavit.* Quand Martial, dans une de ses épigrammes acérées, souhaitait à une femme qu'il n'aimait pas, la perte de sa chevelure, il ne se souvenait plus sans doute que les cheveux des Romaines avaient un jour épargné à la ville éternelle les humiliations et les désastres que lui préparaient les barbares.

Les anciens peuples attachaient à la chevelure une idée si haute, si sainte, si pleine de mystère et d'une sorte de crainte, qu'elle fut chez eux l'objet de soins quelquefois étranges et d'honneurs qui passeraient chez nous pour absurdes et superstitieux. Elle devint matière à pressentiments, à augures, à divination; on en fit des attributs magiques, des fétiches, des symboles impénétrables pour le vulgaire. En Orient, où l'onéiromancie, comme chacun sait, prit naissance, un rôle important fut assigné aux cheveux dans les songes prophétiques. Ainsi, la femme qui avait vu en songe ses cheveux coupés devait perdre son mari peu de temps après ou s'en séparer. L'homme qui songeait que ses cheveux devenaient longs comme ceux d'une femme pouvait s'attendre à être victime d'une trahison conjugale. Voir dans un rêve une femme sans cheveux signifiait famine, pauvreté, maladie ; mais voir un homme chauve signifiait heureusement tout le contraire. Les cheveux se prêtaient encore à une foule d'autres interprétations. Mais laissons ces futilités, et avant d'arriver à l'histoire des Perruques chez les anciens, passons rapidement en revue les diverses coutumes et pratiques superstitieuses relatives à la chevelure, qui existèrent à Rome et en Grèce et qui sont, pour ainsi dire, la partie mythologique de notre sujet.

Au premier rang de ces coutumes, il faut mettre la consécration de la chevelure aux dieux, usage qui prit naissance en Grèce et y fut toujours florissant. Nous avons déjà dit que les jeunes gens des deux sexes ne faisaient couper leurs cheveux que lorsqu'ils étaient entrés en pleine adolescence. Alors les garçons offraient les leurs à Apollon, à Hercule ou à Esculape. Ceux de Trézène faisaient don de ces prémices à Hippolyte, mort sans avoir été marié. Cet usage était fort ancien chez les Grecs, puisque Pélée, nous dit Homère, voua au fleuve Sperchius la chevelure de son fils Achille. Les jeunes filles ne consacraient pas leurs cheveux aux mêmes divinités que les garçons : c'était le plus souvent aux Parques et à Diane qu'elles rendaient cet honneur. Les vierges de Délos en faisaient hommage à la nymphe Opis, celles d'Argos et d'Athènes, à Minerve ; celles de Mégare faisaient ce sacrifice solennel sur le tombeau d'Iphinoé, fille d'Aléothous. Mais il est probable que, dans cette circonstance, elles ne coupaient qu'une faible partie de leurs cheveux, et que leur dévotion ne leur coûtait tout au plus que quelques mèches inutiles. Elles ne sacrifiaient sans doute que l'excès de longueur de cet ornement naturel, car elles en appréciaient toute l'importance dans leur pays, où régnait la beauté physique. En certaines occasions, les hommes et les femmes de tout âge coupaient aussi leurs cheveux pour se rendre les dieux favorables. Lorsqu'on était assailli en mer de quelque tempête furieuse, on faisait vœu aux divinités marines de leur immoler sa chevelure et ses ongles. De là venait la coutume superstitieuse qui empêchait tous les passagers, sur les vaisseaux grecs, de couper ni leurs ongles, ni leurs cheveux, à moins qu'ils ne fussent dans un péril imminent. Plaute nous apprend que les Romains naufragés qui avaient échappé à la mer ne manquaient jamais de se raser la tête, dès qu'ils avaient pris pied sur la terre ferme. En Grèce, l'usage de couper les cheveux en signe de deuil n'était pas moins ancien ni moins généralement observé que celui de les vouer aux dieux. On en couvrait le tombeau des héros, et nous voyons dans le XXIIIe livre de l'*Iliade* que les Grecs, réunis sous les murs d'Ilion, décernèrent à Patrocle cet honneur funèbre. Tous les écrivains de l'antiquité, entre autres Sénèque, assurent que c'était là une des coutumes grecques les plus respectées et les plus constamment maintenues. Ce n'était point seulement pour les morts illustres que l'on manifestait ainsi publiquement ses regrets ; c'était aussi pour les plus obscurs : chacun dépouillait sa tête de son ornement naturel, pour honorer la mémoire de ceux qu'il pleurait. Il est peu de poètes qui n'aient parlé de ce moyen de témoigner la douleur que cause la perte d'un être aimé. Sapho en fait mention dans l'épitaphe de Thimas, qu'un rimeur a traduite ainsi :

> De la jeune Thimas si chérie et si belle
> Vous voyez le tombeau.
>
> . . . .
>
> Dans leur douleur vive et cruelle
> Ses compagnes ont, sans pitié,
> Coupé ces tresses d'or, autrefois leur parure,
> Et de sa froide sépulture
> Ont fait l'autel de l'amitié.

Dans une des tragédies de Sophocle, Tencer dit au jeune Ajax en lui montrant la tombe de son père : « Venez, enfant; approchez-vous, dans l'attitude des suppliants, de celui qui vous donna la vie; demeurez-y, les yeux tournés vers lui, ayant en main l'humble offrande de mes cheveux, de ceux de votre mère et des vôtres. » Dans Eschyle, Oreste sacrifie sa chevelure sur le tombeau de son père, Agamemnon. Ce qui prouve combien cette pratique religieuse semblait nécessaire pour l'apaisement des mânes, c'est qu'Électre, dans la pièce de Sophocle, à laquelle ce nom sert de titre, voyant sa sœur Chrysothémis apporter les présents de Clytemnestre sur la tombe d'Agamemnon, s'écrie avec véhémence : « Pensez-vous que ces hypocrites offrandes puissent expier le meurtre de mon père? Non, non; il n'en sera rien. Laissez là ces dons stériles; faites mieux, coupez vous-même ces boucles de cheveux et joignez-les aux miens. Hélas ! il m'en reste peu : je les ai déjà sacrifiés; mais enfin j'en offre le reste, et leur dérangement atteste assez ma douleur. » Nous trouvons aussi dans l'*Oreste* d'Euripide deux passages qui confirment le même usage. « Voilà, chante le chœur, voilà Tyndare, ce Spartiate chargé d'années, qui s'avance d'un pas précipité, couvert de noirs vêtements et la tête rasée, dans le deuil où sa fille le plonge. » Ailleurs, la plaintive Électre accuse Hélène de manquer à toutes convenances, parce qu'à la mort d'une de ses sœurs elle n'a coupé que l'extrémité de ses cheveux : « Voyez, dit-elle, avec quel artifice cette femme vient de couper le bout de ses cheveux sans nuire à sa beauté ! Elle est toujours ce qu'elle fut autrefois ! »

Nous retrouverons chez les Romains des coutumes à peu près les mêmes que celles des Grecs, à qui ce peuple avait emprunté en grande partie sa religion et ses mœurs. A Rome comme en Grèce, les jeunes gens arrivés à l'âge de puberté faisaient hommage aux dieux de leur chevelure, qu'ils avaient jusque-là laissée flottante sur leurs épaules ou retenue avec un nœud. Festus Pompeïus parle d'un *arbre aux cheveux* (*capillaris arbor*), ainsi nommé parce que les jeunes gens y suspendaient, en l'honneur des divinités protectrices, leur chevelure coupée nouvellement et pour la première fois. Les prêtres de Cybèle attachaient autour de leur déesse les cheveux dont on lui faisait offrande. Servius met au rang des gages de la durée de l'Empire la longue aiguille, à l'aide de laquelle ils accomplissaient ce devoir sacré. La coupe des cheveux chez les païens était une cérémonie religieuse, que nous verrons plus tard le christianisme s'approprier. Les vers suivants de Stace ne laissent aucun doute à ce sujet :

> Accipe laudatos, juvenis Phœbeie, crines,
> Quod tibi cæsareus donat puer; accipe lætus,
> Intonsoque ostende patri.

« O fils d'Apollon, Esculape, agrée l'hommage des beaux cheveux que te voue le fils de César; reçois-les avec faveur, et daigne les présenter à ton père, dont la blonde chevelure ne tomba jamais sous les ciseaux! » A l'imitation des Grecs, les Romains firent aussi, du sacrifice des cheveux, la marque d'une grande douleur. « C'est, dit Valère Maxime, le dernier présent que l'on puisse offrir aux mânes des personnes chéries. » Les poètes sont d'accord avec lui sur ce point. Properce regrette d'être exposé à mourir loin de Cynthie, surtout parce que, s'il finissait sa vie près d'elle, « ses beaux cheveux deviendraient le précieux ornement de sa tombe. »

> Illa meo caros donasset funere crines.

Tibulle est plus généreux, sans être moins épris : « O ma Délie, s'écrie-t-il dans un accès de tendresse, crains d'irriter mes mânes; épargne alors tes beaux cheveux épars et tes joues délicates. »

> Tu manes ne læde meos, sed parce solutis
> Crinibus et teneris, Delia, parce genis!

Il ne faudrait pas s'appuyer de ces autorités pour soutenir que la coupe des cheveux était une forme obligatoire et exclusive du deuil dans l'antiquité; ce serait tomber dans une grande erreur. L'usage régna longtemps, au contraire, de les laisser croître exceptionnellement en pareille circonstance. Nous croyons même que les deux coutumes, quelque opposées qu'elles soient, ont été pratiquées concurremment dans le même temps. Plutarque dit qu'en Grèce les hommes laissaient pousser leur chevelure dans les cas où les femmes coupaient la leur : « Apud Græcos, quando calamitas aliqua est accepta, mulieres tondentur, viri comam submittunt; quod his tondere, illis solemne sit comam promittere. » On voit, par ce passage très-explicite, que la contradiction n'est qu'apparente : on prenait le deuil en agissant à l'inverse de ses habitudes; les hommes, qui ordinairement portaient les cheveux courts, les laissaient croître librement; les femmes, qui les portaient longs ordinairement, les raccourcissaient : rien ne se comprend mieux. Le passage de Plutarque que nous venons de citer semble indiquer, en outre, que ce n'était pas seulement à la mort de leurs parents ou de leurs amis que les Grecs modifiaient ainsi leur chevelure comme marque extérieure de deuil, mais aussi dans les calamités publiques; d'autres auteurs le donnent également à entendre. Les Argiens, consternés de la prise de Thyrée par les

Lacédémoniens, s'obligèrent par une loi à laisser croître leurs cheveux jusqu'à ce que la ville fût reprise, et les Lacédémoniens, de leur côté, s'engagèrent par serment à ne plus tondre les leurs, afin de perpétuer le souvenir de leur victoire. Néanmoins, il est certain que, dans les deuils particuliers comme dans les deuils publics, la coupe des cheveux fut plus communément usitée que la libre croissance. On les déposait sur la poitrine du mort ou on les jetait dans les flammes de son bûcher. Archélaüs, roi de Macédoine, coupa les siens aux funérailles d'Euripide. Plutarque rapporte qu'à la mort de Pélopidas les Thessaliens se rasèrent tous la tête. « Dans les temps de deuil et de tristesse, dit Tite-Live, les Romains laissent croître leurs cheveux, les font flotter ou quelquefois les arrachent ! » On conçoit que des parents, même consumés d'affliction, aient mieux aimé dérouler leur chevelure que de la couper. Les femmes surtout ont dû donner la préférence à la première de ces méthodes. Tibulle n'en demandait pas davantage à une des maîtresses qu'il a si poétiquement chantées : « Que Néæra éplorée vienne, ses longs cheveux épars, verser des larmes autour de mon bûcher ! »

> Ante meum veniat longos incompta capillos,
> Et fleat ante meum mœsta Neera rogum !

Properce demande à Cynthie de prendre soin de ses cendres, et il ajoute : « Viens, la poitrine découverte et les cheveux épars, donner carrière à ton désespoir. »

> Demissis plangas pectora nuda comis.

Quelquefois on ne se contentait pas de laisser la chevelure tomber en désordre sur les épaules : on la couvrait de cendre et de poussière. D'où l'on pourrait conclure que les personnes qui se résignaient à la couper tout simplement se distinguaient autant par leur propreté que par leur sensibilité. Cependant Virgile ne perd jamais l'occasion d'empoudrer la tête de ses héros affligés (*canitiem immundo perfusam pulvere turpans.* » Le tableau des coutumes antiques relatives aux cheveux ne serait pas complet, si nous n'ajoutions encore quelques détails. Ainsi, les prévenus de délits graves se tondaient la barbe et les cheveux, dès qu'ils étaient acquittés. Pline, qui nous fournit ce renseignement, aurait dû nous dire quel sens on attachait à cette coutume ; car, si l'on se coupait les cheveux pour témoigner sa douleur, il serait assez étrange qu'on n'eût pas trouvé de meilleur moyen de signifier sa joie. Ce qui se conçoit mieux, c'est la perte des cheveux infligée comme châtiment. Ainsi, l'empereur Domitien, voulant punir le philosophe Apollonius, lui fit raser les cheveux et la barbe, peine très-grave pour un philosophe antique. Nous avons dit toutes les raisons que pouvaient alléguer les anciens pour justifier l'importance qu'ils attachaient à leur chevelure et le soin qu'ils en prenaient. Nous serions coupable, assurément, si nous omettions celle-ci, qui n'est pas moins curieuse. C'était chez eux une croyance profondément accréditée, que nul ne mourait avant que Proserpine ne lui eût coupé un cheveu pour en faire offrande à Pluton. La terrible déesse ne remplissait pas toujours en personne cette indispensable formalité; elle pouvait déléguer, à cet effet, ses pouvoirs à Atropos, dont la visite n'était pas plus agréable à ceux qui la recevaient. Dans l'*Alceste* d'Euripide, Apollon lui-même essaie inutilement de fléchir la Mort en faveur de la reine, qui s'est dévouée pour sauver son époux : « Non, non, répond brutalement l'impitoyable, Alceste descendra jeune dans la tombe. Je vais de ce pas presser le sacrifice, et le commencer au moyen de ce fer. Ceux dont il a une fois coupé la chevelure sont dès lors consacrés aux dieux infernaux. » Virgile nous fournit un autre exemple. Victime de l'amour qu'Énée avait su lui inspirer, consumée par une passion inextinguible, frappée mortellement et déjà étendue sur le bûcher funéraire, la malheureuse Didon ne pouvait cependant mourir et elle implorait les divinités du noir séjour : « Proserpine, dit le poëte, n'avait pas encore coupé le cheveu fatal et n'avait point dévoué sa tête aux divinités du Styx. Iris donc, sur des ailes de pourpre et d'azur, portée sur un nuage, que son opposition au soleil nuance de mille couleurs variées, fend les airs d'un vol rapide et s'arrête sur la tête de Didon. « Je porte, lui dit-elle, au dieu des enfers, suivant l'ordre de la reine des dieux, ce cheveu qui lui est consacré et je te débarrasse de ce corps mortel. » Elle dit et coupe le cheveu. Aussitôt la chaleur abandonne ce corps mouvant, et son âme s'évanouit dans les airs. » A ce passage de Virgile, un de ses traducteurs a joint la note qui suit : « Selon la croyance des Grecs et des Romains, chaque homme avait sur la tête *un cheveu fatal* consacré à Proserpine et auquel sa vie était attachée; il était même d'ordinaire blond ou doré. Comment donc pouvait-on vivre étant chauve ou tondu ? » — En portant perruque, répond plaisamment Deguerle, qui cite cette note de Leblond.

Dans les siècles qui ferment pour nous la période antique, fut en vigueur un usage qu'il importe de faire connaître. C'est l'adoption, par le toucher des cheveux. Mais, comme nous retrouverons cette coutume reprise et développée au Moyen Age, nous en parlerons ailleurs plus amplement.

Parmi les divers peuples de l'antiquité, quelques-uns, s'inspirant des mœurs des Grecs et des Romains, leur avaient emprunté, en les modifiant selon leur goût propre, leurs usages relatifs à la chevelure. Quelques autres, aussi dont la civilisation était antérieure, en pratiquaient de semblables, et il est à croire que c'était de chez eux que Rome et la Grèce les avaient tirés. Voilà comment, même dans les détails les plus frivoles de l'histoire, se renoue la chaîne des temps et se reconstitue l'unité. Les Égyptiens, nation à qui devaient beaucoup tous les peuples qui l'ont effacée, connaissaient la plupart des coutumes qui caractérisèrent plus tard les Grecs et les Romains. Comme eux, ils sacrifiaient leur chevelure à leurs dieux. Memnon fit de la sienne un holocauste au Nil. Mais quant à la couleur des cheveux, leur goût différait essentiellement de celui des deux autres peuples. Ils avaient en répugnance, et l'on peut même dire en horreur, en abomination les cheveux roux : antipathie que l'euphémisme de *cheveux dorés* (*flava coma*) était absolument impuissant à atténuer. A leurs yeux, un homme roux était un maudit que poursuivait la vengeance divine. « Leur aversion était telle qu'ils faisaient périr, dit Montesquieu, tous ceux qui leur tombaient entre les mains. » Les Perses se coupaient les cheveux à la manière romaine, quand ils étaient en deuil. A la mort de Masistius, dit Hérodote, ils se rasèrent tous la tête pour marquer le chagrin qu'ils en avaient, chagrin auquel ils firent participer leurs chevaux en leur tondant le poil entièrement. La matière que nous traitons pourrait nous faire rencontrer des traits de mœurs, infiniment moins édifiants que ceux-là. Par exemple, Chateaubriand, dans ses *Etudes historiques*, reproduit d'après Lucien (*de Assyria*) ce détail peu moral, mais curieux : « Les femmes de Biblis, dit-il, qui ne consentaient pas à couper leurs cheveux au deuil d'Adonis, étaient contraintes, pour se laver de cette impiété, de se livrer un jour entier aux étrangers. » *O tempora ! ô mores !* Voyez à quoi l'amour excessif de la chevelure exposait une vierge de ce pays ? Il est vrai que les coquettes seules y tenaient fortement, et celles-là n'avaient sans doute rien de bien précieux à perdre. Pour qu'on puisse se rendre compte des motifs qui avaient fait naitre un aussi singulier usage, il faut dire que les chevelures coupées aux funérailles d'Adonis étaient destinées à parer l'autel de la déesse Ergetto, la Vénus de Tyr. Or, on plaçait la vertu des innocentes Phéniciennes dans une délicate alternative, afin que la déesse eût un bénéfice certain dans l'un et l'autre cas. Se décidaient-elles à se priver de leurs cheveux, Ergetto en profitait. Préféraient-elles au contraire sacrifier leur pudeur et se prostituer aux étrangers, qui affluaient dans ces jours de fêtes, elles conservaient leur chevelure, et l'argent qu'elles recevaient pour prix de leurs complaisances appartenait de droit à la Vénus, c'est-à-dire à ses prêtres. Cet argent était sans doute affecté aux frais du culte et à l'entretien du temple. Ce sacrifice de la chevelure, obligatoire pour les filles vertueuses et qu'on appelait en cette circonstance *tonsura lugubris*, devait exciter vivement les regrets de celles d'entre elles qui y étaient attachées. Saint-Foix se demande comment elles ont remédié à ce malheur inévitable, et il affirme hardiment que c'est dans le besoin qu'elles avaient de réparer une perte si grande à leurs yeux, qu'il faut chercher l'origine des perruques. « Un particulier, peut-être un mari, un jaloux, dit-il, imagina les perruques, et les proposa aux femmes qui ne voulaient ni se prostituer, ni perdre leurs cheveux. L'invention parut commode, mais elle excita la réclamation des prêtres. Ils décidèrent que les perruques pouvaient nuire à leurs droits, et les perruques furent défendues. » Deguerle, qui prend au sérieux cette facétieuse hypothèse, ne manque pas de s'écrier : « Quelle rude épreuve pour la vertu des Phéniciennes ! »

Donnons maintenant toute notre attention aux perruques des anciens, puisque aussi bien l'étrange supposition de l'auteur des *Essais sur Paris* nous y amène naturellement. Nous demanderons d'abord avec Deguerle : « Qu'est-ce qu'une

perruque? C'est une chevelure artificielle. Fort bien; mais pour quelle raison une
chevelure artificielle se nomme-t-elle *perruque?* Voilà le point difficile. » L'origine
du mot a été, en effet, aussi controversée que celle de la chose: nous exposerons
les diverses opinions émises à ce sujet, nous bornant au rôle de rapporteur, et
laissant le lecteur maître d'adopter celle qui lui paraîtra la plus vraisemblable et
la plus naturelle, non sans quelque embarras probablement, car l'incertitude est
grande et les hypothèses plus ou moins cherchées abondent à foison. « Il me
paraît nécessaire, dit Nicolaï, de faire mention des différentes étymologies qu'on
trouve du mot *perruque,* qu'on a généralement essayé de faire dériver des langues anciennes, mais qui cependant ne se présente chez aucun écrivain grec ou
latin, et dont l'emploi dans la signification qu'il a actuellement ne peut guère
être fixé que vers la fin du seizième siècle. Il n'y a, pour ainsi dire, pas eu de
mot que les étymologistes aient moins réussi à expliquer que celui-là : toutes les
dérivations qu'on a voulu en donner sont on ne peut plus forcées et même quelquefois ridicules. » Nous ouvrons le *Dictionnaire étymologique* de Ménage, et
voici ce que nous y trouvons. Claude Mitalier, lieutenant-général de Vienne,
dans sa lettre à Jérôme de Châtillon, président de Lyon, dérive le mot *perruque*
de l'hébreu *perah* ou du chaldéen *pervah,* qui signifie *capillos verticis.* « J'estime, dit le père Labbe dans ses Étymologies françaises, que *perruque* vient de
quelque Pierre qui s'en est servi le premier ou qui les ajustait fort joliment. »
La science du bon père était naïve et lui coûtait peu de recherches. Guyet
dérive plus sérieusement ce mot du grec κηνκη *(péniké),* qui a la même signification et que Lucien emploie dans ce sens, ainsi qu'on peut le vérifier en lisant
ses Dialogues des Courtisanes. De *péniké* serait venu *penica, perica, peruca,*
et enfin *perruque.* Mais Nicolaï fait remarquer que les mots *penica* et *perica* ne
se trouvent ni dans la langue latine, ni dans l'italienne, ni dans l'espagnole.
Cette observation fait crouler tout l'échafaudage si laborieusement élevé. Quant
à Ménage, son opinion personnelle est que la véritable étymologie est *pillus,* et
voici de quelle manière il établit sa dérivation. De *pilus, pelus* (d'où l'italien *pelo*),
pelutus, peluticus, pelutica, perutica, peruca, perruque. « Cinq mots imaginés arbitrairement et qui ne se rencontrent en aucune langue! s'écrie encore l'impitoyable
Nicolaï. En voyant toutes ces prétendues étymologies, on ne peut s'empêcher de
dire avec Voltaire : « Si ce mot vient de là, il a bien changé en chemin! » Et qui
pourrait penser qu'un homme, si savant d'ailleurs, aurait pu s'égarer à ce point!
Dans l'italien même, où *pelo* est formé effectivement du latin *pilus,* n'existent ni
les mots *peluto, peluticio,* ni rien de semblable pour signifier *velu, pelu;* mais
on y trouve *peluzzo* pour *petit poil,* et *peluria* pour *poil follet.* En espagnol et
en portugais, *peludo* veut dire *velu;* cependant les Portugais ne donnent point
comme les Espagnols à *perruque* le nom de *peluca,* mais celui de *peruca* ou
cabilliera. Dans la basse latinité, *pilus* ne signifie pas un *cheveu,* mais un *pieu*
ou une *flèche,* et *pelu* est une espèce de *pelisse.* » Ménage, qui semble avoir

prévu qu'on ne manquerait pas d'attaquer les étymologies qu'il cite et celles qu'il produit pour son propre compte, répond à quelques objections. Il dit, pour la défense de Guyet, que le mot grec *péniké*, qui signifie *coma addititia* (chevelure ajoutée) en latin, et, selon l'expression de Guarini dans son *Pastor fido*, *testa finzta* en italien, est formé de πῆνος *(pénos)*, qui se traduit ordinairement par *stamen*, *filum*, *lana* (fil, laine), et qui a signifié ensuite une *tresse de cheveux*. D'ailleurs, les premières perruques ne se faisaient point avec des cheveux naturels, mais bien avec des poils, de la laine et d'autres matières crépues. Puis, il ajoute, comme une réplique à Nicolaï : « De même que nous avons fait, de *pelutica*, *perruque*, les Italiens en ont fait *parrucca*, qui se trouve en cet endroit des poésies de Bernardo Bellincioni, poète florentin, imprimé à Milan en 1493 :

> Son tutt' opinioni
> I boi capei cercate sale in zucca :
> Perch' Absalon mori per la *parrucca*.

Mais il est pris là dans l'acception de *chevelure*. Le mot de *perruca* dans la signification de *zazzera posticcia*, c'est-à-dire *perruque*, est nouveau dans la langue italienne, où il a été introduit de la langue française depuis moins de cent ans (Ménage écrivait en 1694), de laquelle il a aussi passé dans les langues allemande, anglaise, flamande et espagnole. » Octave Ferrari, dans ses *Origines de la langue italienne*, écrites en latin, fait dériver *perrucca* de *pilucca*, et *pilucca* de *pilo*. « Nouvelle preuve évidente, se hâte de dire Nicolaï, cet infatigable redresseur des torts étymologiques ; nouvelle preuve qu'un savant peut se tromper même en ce qui regarde sa langue maternelle. *Pilucca*, *pilucco* et *pelucca* sont des mots que Ferrari s'est complu à imaginer. Le vocabulaire della Crusca ne les contient pas ; on peut par conséquent soutenir avec hardiesse qu'ils n'appartiennent pas à la langue italienne, puisque ce dictionnaire donne tous les termes vieillis, depuis le temps du Dante et même antérieurement. » Après avoir ainsi ruiné le système de Ferrari qu'il écrase sous le poids de beaucoup d'autres arguments que nous ne relevons pas, le terrible Nicolaï se jette plume en main sur un autre adversaire qu'il attaque avec non moins de vaillance : « Spate, dans son *Tresor des langues*, prend le plus court chemin, en établissant que le mot *perruque* est d'origine allemande ; cependant la dérivation est également défectueuse. Il écrit *barucke*, et prétend que dans l'ancienne langue gothique *bar* signifiait la tête, et *hucke* un voile ; mais il commet une double erreur. Jamais *bar* n'a voulu dire la tête en langue gothique. *Bar* signifie plutôt en suédois, en anglo-saxon et en ancien allemand, *ce qui est nu*, *découvert*, d'où viennent encore les mots *barfuss*, nu-pieds, *barhaupt*, nu-tête. *Bar* est donc le contraire d'une perruque. *Heuke* ou *hoike* signifiait autrefois un manteau, et l'on s'en sert même encore dans le bas-allemand. » Nicolaï prend aussi à partie d'autres étymologistes qu'il pourfend de cette manière : « Damm avait imaginé un moyen assez singulier de faire dériver le mot perruque du grec, par celui de περικε-φαλαια (periké-phalaia). Skinner, au contraire, dans son *Dictionnaire étymologique de la langue anglaise*, veut que le mot anglais *periwig* vienne du grec περιοχη (perio-ché) ; il est vrai qu'il ajoute : Si toutefois il est permis de s'égarer en si grave matière. Lemon, le plus moderne étymologiste anglais, a poussé la folie des conjectures bien plus loin que ses devanciers. Il ne faut pas être surpris de ce qu'il s'en tire si mal avec un mot dont l'origine est si difficile à trouver. Il dit : *perwike* et *perruque* sont la même chose que *peregrina-rica*, composé de *per-ric* ou *perruke*, c'est-à-dire *velum capitis muliebris*, voile de tête à l'usage des femmes ! Wachter aussi veut absolument que *perruque* vienne du grec. « Ce mot, dit-il, est tiré de πυρριχος (*purrichos*) *pulvus* [illisible] parce que les premiers cheveux postiches étaient d'un blond doré et qu'on les faisait venir d'Allemagne. » En comparant cette étymologie assez simple avec la précédente qui est si forcée, elle paraît, au premier moment, plus recevable ; mais en l'examinant de plus près, on trouve qu'elle ne saurait non plus être admise… Cette dérivation n'est fondée que sur une ressemblance accidentelle. Le mot *perruque* ne nous vient donc ni des Grecs ni des Romains, puisque ces deux peuples se sont servis d'autres termes pour désigner une chose qui leur était parfaitement connue. »

Mais alors, ô désespérant Nicolaï, quelle est donc cette mystérieuse étymologie ? Éclairez-nous enfin de vos propres lumières, et révélez-nous l'origine, selon vous, véritable de ce mot qui a obligé tous les savants de donner leur langue aux chiens, et avec la leur les langues étrangères. « Avant de livrer nos conjectures sur le mot *perruque*, reprend gravement notre érudit, il faut que je dise d'abord quand et dans quel pays on doit en placer le premier usage pour les temps modernes, et surtout ce qu'il a signifié dans le plus ancien emploi qu'on en a fait. Dans la langue romane ou wallone, encore à demi celtique, dont s'est formée à la fin du dixième siècle la langue française actuelle, on trouve déjà le mot *perrique*. C'est la plus ancienne trace qui en existe. Mais a-t-il signifié alors *faux cheveux*, comme il le fait aujourd'hui ? Nullement. Dans le *Dictionnaire roman, wallon, celtique et tudesque*, par un religieux bénédictin de la congrégation de Saint-Vannes (*Bouillon, 1777*), ce mot est expliqué par *longue chevelure de ses propres cheveux*. De tous ceux qui ont écrit sur les perruques, aucun n'a fait attention à cette signification primitive ; cependant on peut en tirer des conséquences intéressantes relativement à la dérivation de ce mot. La preuve qui vient ensuite de cette acception particulière se trouve dans la langue italienne… Au quinzième siècle ce mot ne signifiait pas non plus en Italie des *cheveux postiches*, mais de *longs et épais cheveux naturels*. Le vocabulaire della Crusca et les autres dictionnaires italiens qui l'ont copié ajoutent que ce mot sert aujourd'hui à désigner de *faux cheveux*. Personne n'a peut-être remarqué quand et par qui ce changement a été fait, ni ne s'est rappelé la signification primitive du mot lors qu'il s'est agi d'en donner l'explication. On trouve encore dans la langue italienne une trace de la signification ancienne. *Capperruccia*, ainsi que *capperruccio*, signifiait celte partie du bonnet qu'on tirait par-dessus les cheveux (comme qui dirait *cappa di perrucca*, coiffe de perruque). Le dictionnaire della Crusca cite les vers suivants d'un poëte de Florence du quinzième siècle :

> Piu non si fan le bionde pastorelle
> Coi sacchi a' rozzi crin' la capperruccia.

Et c'est dans cette même acception, que s'en sert aussi Varchi, dont la prose est regardée comme classique par les Italiens. C'est le même sens que le mot *perruque* eut constamment en France jusqu'au seizième siècle et même jusqu'au commencement du dix-septième, où l'on s'en servit toujours pour désigner des cheveux naturels. Quand on voulait, dans ce temps-là, parler de ce qu'on appelle aujourd'hui une *perruque*, on employait le terme de *fausse perruque* (ainsi qu'on peut s'en assurer en feuilletant les dictionnaires de cette époque, et notamment le *Thesaurus linguæ Græcæ* d'Henri Estienne). » Mais comment s'est-il fait qu'on ait donné, dès les plus anciens temps, en France et en Italie, les noms de *perrique, parruca, perruque*, à d'épais cheveux naturels, et cela à l'époque où les Italiens et les Français s'occupaient à former leurs langues? Nicolaï entre dans de longs développements, et il arrive à conclure que c'est dans l'ancien gallois qu'il faut chercher l'étymologie vraie du mot *perruque*, qui, en français et en italien, signifiait dans les premiers temps *cheveux naturels*. Voici en quels termes il pose sa solution : « Le *Vocabulaire* ou *Dictionnaire provençal français* (1785) fait expressément dériver le mot *perruque* du celtique mais sans dire cependant de quelle manière. Le *Dictionnaire roman et celtique* nous renvoie également à une origine celtique. Or, on trouve que, dans la langue hibernienne, *barr* signifie les *cheveux*, et *uc* ou *uch, haut, élevé*. Ainsi *barr'uch* veut dire des *cheveux élevés et forts*, absolument de la même manière que Bellincioni donne le nom de *parrucca* à l'épaisse chevelure d'Absalon. Voilà sans doute l'étymologie la moins forcée qu'on puisse trouver de *perruque* dans les anciennes langues des pays qui en ont fait usage dès les temps les plus reculés. Il est à remarquer aussi que *galerus*, qui chez les Romains signifiait une *perruque*, a passé dans la vieille langue française. Le *Dictionnaire du vieux langage français*, par Lacombe (1766), porte *galericule* ou *galicolie, perruque de femme;* mais là il faut entendre *perruque* dans le sens actuel, qui n'était pas connu anciennement, quoique les Français admissent dans leur langue ce terme latin. » Deguerle, dans son *Eloge des perruques*, a dû nécessairement aborder aussi cette question étymologique; mais, moins pédant et moins prolixe que Nicolaï, il l'a plutôt effleurée légèrement qu'il ne l'a traitée à fond : c'est sur un ton badin et presque en plaisantant qu'il disserte. Après avoir cité la plupart des étymologies peu naturelles que nous avons déjà rapportées, il ajoute gaiement : « Si j'osais mêler mes conjectures à celles de ces savantes têtes à perruque, je dirais :

Perruque ressemble bien fort à l'italien *parruca* (chevelure); pourquoi *perruque* ne serait-elle pas ultramontaine? Son origine, il est vrai, serait moins noble; mais ne serait-elle pas plus naturelle? Ce n'est point que je ne puisse, comme un autre, donner à la perruque quelque mille ans d'antiquité; pour cela il me suffit de faire descendre en droite ligne la *parruca* des Italiens du latin *perula*, diminutif de *pera*, poche. Dans ce système, voici l'arbre généalogique de la perruque : la perruque enveloppe une partie de la tête, elle est donc pour la tête une espèce de petite poche, *perula*. De *perula* on a fait par corruption *peruca*, puis *parruca*, enfin *perruque*. La conformité est parfaite sous tous les rapports, la filiation est démontrée. Mais, dira-t-on, si par hasard la *parruca* des Italiens était elle-même dérivée de notre *perruque*, que deviendrait alors votre arbre généalogique? Je réponds : 1° *parruca* est fort ancienne en Italie; 2° quoique *perruque* et *perula* me paraissent avoir un air de famille qui saute aux yeux, j'avoue que cela ne prouve point entre elles la consanguinité. On a vu des gens se ressembler de plus près et n'être point parents. Voilà donc quelque chose de plus savant et que par cela seul on me contestera moins. Docte Grèce, heureuse Arabie! oui, ce fut sans doute de votre antique union que naquit la perruque. Quel érudit un peu familiarisé avec les langues orientales ne reconnaît au premier coup d'œil, dans le nom propre de notre héroïne, et la préposition grecque περι (*péri*, autour) et le substantif arabe *nucha* (nuque)? *Péri-nucha!* couvre-nuque! bravo! Quelle analogie entre le mot et la chose! Du grec *péri* retranchez *i*, de l'arabe *nucha* retranchez *n*, reste *per-ucha*; naturellement ami des syncopes, le français en a fait *perruque*. Or, maintenant, messieurs les beaux-esprits, prouvez-moi que j'ai tort! De bonne foi, je pense que Ménage lui-même n'oserait l'entreprendre. » L'intrépide Nicolaï lui-même ne l'a pas entrepris; mais la manière dont il en parle ferait croire qu'il regardait Deguerle comme un adversaire indigne de lui; autrement, il n'aurait pas manqué de le réfuter. Mais en voilà assez, en voilà même trop sur la question grammaticale, et il est temps que nous en venions à l'emploi des perruques elles-mêmes. Dans quel but les a-t-on inventées? Pour satisfaire sans doute aux exigences du désir de plaire et d'un luxe raffiné; mais principalement, croyons-nous, pour garantir des inconvénients de la calvitie. Il est certain que, chez les peuples de l'antiquité les plus avancés en civilisation, les crânes dégarnis de leurs cheveux inspiraient une forte répulsion, un dégoût invincible, et comme une sorte d'horreur religieuse. Ovide trouve également difformes un troupeau incomplet, une prairie sans gazon, un arbre sans feuillage et une tête sans chevelure :

> Turpe pecus mutilum, turpis sine gramine campus,
> Et sine fronde frutex, et sine crine caput.

Ovide n'était, dans ce cas, que l'interprète du sentiment général. Tous les poëtes ont exprimé la même aversion pour les fronts chauves. Encolphe, dans

le roman de *Pétrine*, raille son jeune ami sur la perte de ses cheveux, en des
vers élégants que Deguerle a traduits :

> Où sont ces beaux cheveux dont ton front s'ombrageait?
> A travers leurs flots d'or le zéphyr voltigeait :
> Les grâces avec eux ont quitté ton visage.

> Cache, de ces attraits, ta tête dépouillée :
> La rose par l'orage une fois effeuillée
> N'a qu'un moment à vivre; et la pâle Atropos
> Sur le fil de tes jours a levé ses ciseaux.

Ces derniers vers font allusion à la croyance superstitieuse dont nous avons
parlé plus haut, et qui faisait dépendre la vie d'un homme, du sort de l'un de ses
cheveux. Si l'on soupçonnait les poëtes d'exagération, il serait facile de trouver
ailleurs des preuves du mépris que les anciens professaient pour les personnes
affectées de calvitie. « Qui ne sait, dit notre gai docteur Akerlio, que César lui-
même, César, au milieu de sa gloire, vit les brocards de ses soldats poursuivre
son front chauve jusque sur son char de triomphe ! « Voici le chauve adultère,
criaient-ils en chœur; maris, cachez vos femmes. (*Calvum mœchum duximus :
mariti, servate uxores !*) » César sans cheveux paraissait d'autant plus ridicule que
le nom même de César rappelait celui d'une belle chevelure. Celle de son aïeul
était encore célèbre, et ce fut elle, dit-on, qui mérita à cet ancêtre du dictateur
le surnom de *César*. Pour consoler le vainqueur du monde et dérober sa calvitie
à la malignité romaine, le sénat permit à César de porter perpétuellement une
couronne de laurier. Un sénatus-consulte fit ainsi de cette couronne la perruque
du héros. Si les couronnes étaient aujourd'hui à la mode parmi nous, combien
de simples soldats français pourraient porter, sans être chauves, la perruque de
César! » Mais ne devançons pas les temps. La calvitie fut une des principales
causes qui firent adopter les perruques, c'est incontestable. Et la chauveté n'ayant
épargné les hommes dans aucun pays, il en résulta que la perruque fut d'un
usage universel : le mal était partout, partout fut le remède. « Il est plus facile,
dit Deguerle, de rencontrer un peuple sans culottes, qu'un peuple sans perruques. » Les femmes en ont porté aussi bien que les hommes. T. Rangon, principal du collége de Berlin, pense même que ce sont elles qui les ont adoptées les
premières et que les hommes n'ont fait que suivre en cela leur exemple. Mais
Thiers, qui ne trouve pas ses preuves suffisamment concluantes, est d'avis que
c'est le contraire qui est vrai. « L'on peut dire, ajoute-t-il, que les perruques
depuis leur origine ont été en usage dans tous les siècles et qu'il y en avait pour
les hommes comme pour les femmes. Dans les pays où les femmes avaient la tête
découverte ainsi que les hommes, il y a apparence que leurs perruques étaient
différentes, et qu'il était juste, pour la distinction des sexes, que les femmes
fussent autrement coiffées que les hommes. Mais, dans les lieux où elles avaient

la tête couverte, elles n'avaient pas des perruques entières, à moins qu'elles ne
voulussent se déguiser de dessein formé, parce qu'elles leur eussent été incom-
modes avec leurs bonnets; mais elles avaient seulement des tours, des demi-
tours et des coins de cheveux. » Les femmes de l'antiquité n'avaient pas de bonnets, quoi qu'en dise Thiers, qui prend certainement sous le sien cette assertion;
leurs coiffures, composées, ainsi que nous l'avons déjà dit, de bandelettes
arrangées de diverses façons, ne s'opposaient aucunement à l'usage des perruques entières : aussi, en ont-elles porté. Mais, comme il ne faut pas que cette
rectification nous fasse anticiper sur ce que nous aurons à dire plus loin, revenons sur nos pas. Nous avons voulu établir seulement, en commençant, l'univer-
salité de la mode des perruques et son adoption simultanée par les deux sexes.
Quant à son ancienneté, elle est telle qu'on peut dire, en employant une
métaphore usée mais très-naturelle ici, qu'elle se perd dans la nuit des temps et
qu'on ne saurait assigner de date même approximative à son origine. « Fille de
la coquetterie, la perruque est aussi ancienne que le monde, » affirme l'auteur
de son *Eloge*. Cependant un nuage trop obscur et trop difficile à percer enveloppe les commencements de son histoire, pour que nous puissions la prendre
ab ovo, c'est-à-dire dès les temps fabuleux. Les poëtes seuls, qui (c'est
proverbial) ne doutent de rien, pourraient, par intuition sans doute, pénétrer
dans son obscur berceau. Guarini, par exemple, n'a pas craint de doter l'âge
d'or de la découverte des perruques, sans laquelle il n'eût probablement pas
mérité son beau nom. Un satyre, excité par de lubriques désirs, saisit aux cheveux la belle Corisca dans le *Pastor Fido,* mais la bergère se débarrasse de lui
en lui laissant entre les mains sa perruque, et l'amoureux désappointé, qui voit
la belle échapper à ses étreintes convulsives et s'enfuir d'un pied léger, s'écrie
avec dépit, dans un italien élégant que le français est loin d'égaler :

> Coris! Coris! que fais-tu donc? arrête!
> O qu'elle est folle! elle s'en va sans tête.

Ce satyre innocent, quoique passablement roué, ne connaissait pas apparemment l'usage des cheveux postiches.

> Nymphes, bergers, accourez, venez tous,
> Voir un prodige inouï parmi nous!
>
> . . . .
>
> Quoi! tes regards, tes traits et tes discours,
> Tout n'est en toi que fard et qu'imposture!
> Tout est menteur, jusqu'à ta chevelure!
> Voyez, amants! rougissez, malheureux!
> Voilà cet or, cet ambre, ces beaux nœuds,
> Dont pour vos cœurs l'amour a fait des chaînes!
> Reprenez-les! etc.

L'origine des perruques remonte donc à la plus haute antiquité, c'est admis, c'est prouvé. Mais quel peuple, favorisé des dieux et peut-être disgracié de la nature, peut revendiquer la gloire de cette brillante invention? Les compétiteurs sont nombreux, et les écrivains tellement divisés sur ce point que nous ne savons vraiment en faveur de qui nous prononcer. *Adhuc sub judice lis est.* Cléarque, disciple d'Aristote, cité par Athénée, accorde l'honneur de la découverte aux Japyges ou Japygiens, peuple qui descendait des Crétois et habitait la Pouille. Le caractère des Japyges, qui vivaient dans les délices du luxe et de la mollesse, s'adonnaient à toutes les recherches de l'élégance et à toutes les voluptés, rend, sinon certain, du moins possible, leur droit à un avantage que tant d'autres nations se sont disputé avec autant d'acharnement que le berceau d'Homère. Nous avons vu plus haut que, selon Saint-Foix, les Phéniciens, qui tenaient à ne point faire participer à leurs priviléges conjugaux les étrangers qu'attirait la tête d'Adonis, inventèrent les perruques, afin d'indemniser les Phéniciennes de la perte de leurs cheveux sacrifiés à la déesse Ergetto. Nous nous garderons bien d'insister sur cette présomption. Les Lyciens réclament à leur tour. Aristote raconte que Candale, leur gouverneur, voulant leur imposer une taxe nouvelle, qui pût remplir les coffres de l'État, vides dans ce moment-là, leur annonça qu'il avait reçu du roi l'ordre de les faire tondre, à moins qu'ils ne voulussent payer une capitation dont il fixa la somme. Les uns délièrent les cordons de leur bourse, ce qui procura au roi des subsides considérables; les autres sacrifièrent leurs cheveux, que Candale envoya à Mausole pour qu'on lui en fit des tresses. Et Aristote ajoute que les pauvres tondus se fabriquèrent des perruques avec des cheveux achetés en Grèce : mais il est fort peu probable qu'ils les aient inventées. Il est seulement prouvé que, dès cette époque, ils connaissaient l'emploi des cheveux postiches, puisque leurs cheveux naturels servaient à orner la tête de leur souverain. Nos études universitaires nous ont laissé à tous des souvenirs plus ou moins agréables de la *Cyropédie* de Xénophon; quelques écrivains prétendent que c'est là qu'il faut aller chercher la première indication précise des perruques. Cyrus, qui, conduit par Mandane, sa mère, s'est rendu auprès de son aïeul Astyages, admire la magnificence qui éclate dans les habits du roi, ses sourcils peints, et surtout sa majestueuse perruque; ravi d'un spectacle si beau et si nouveau pour lui, il s'écrie avec sa naïveté enfantine : « O maman! quel beau grand-père j'ai là ! » Élien cite un passage de Posidippe dans lequel il est dit que la belle Aglaïs, fille d'un contemporain de Cyrus nommé Mégaclé, avait pour habitude de se parer la tête d'une perruque que surmontait une aigrette. Il est donc hors de doute que les Perses et les Mèdes aient employé les cheveux postiches pour remplacer les leurs ou en augmenter le volume. Toutefois, rien ne prouve irréfragablement qu'ils aient été les inventeurs du procédé dont ils se servaient. Polybe, Tite-Live et Suidas s'accordent à dire que les Carthaginois connaissaient aussi les perruques. Annibal en avait, suivant eux, tout un assortiment, perruques de jeune homme, perruques de vieillard, perruques négligées, perruques d'apparat ; et il en changeait souvent, en pays ennemi, et surtout dans ses campagnes contre les Gaulois, afin de n'être pas reconnu d'eux et d'échapper, à l'aide de ce déguisement facile, aux embûches qu'ils ne cessaient de lui tendre. Deguerle, qui, dans son enthousiasme de sectaire, divinise presque toutes les perruques, et en voudrait couvrir les têtes du monde entier, se plaît à en enrichir les Assyriens, mais assez gratuitement, ce nous semble, car il ne s'appuie sur aucune autorité acceptable, et c'est en termes plutôt plaisants que sérieux qu'il tire son induction : « Les lois assyriennes, dit-il, défendaient aux jeunes gens des deux sexes de se marier avant d'avoir coupé leurs cheveux et de les avoir appendus dans le temple de Bélus, en l'honneur de l'immortel brochet Oannès. Tous les mariages se faisaient donc à Babylone en perruque. » Conclusion moins péremptoire que facétieuse. Ce qu'on peut attester avec une assurance mieux justifiée, c'est que les peuples de la côte d'Afrique étaient essentiellement *perruquets*, comme on aurait dit au dix-septième siècle. Les perruques étaient en Égypte, d'un usage commun et presque général. On en voit dans les musées de Londres et de Berlin ; leur état de conservation vraiment merveilleux est un sujet d'étonnement pour les visiteurs de ces belles collections, car elles datent de la période antique la plus reculée. Winckelmann, dans ses *Monuments inédits*, dit d'un buste d'Isis, en bas-relief, d'un travail romain : « Par-dessus les épaules d'Isis pendent des tresses de cheveux qui sont disposées par petits nœuds, et qu'à cause de cela on appelle βοτρυος, *bayes*. La chevelure de ce buste ne paraît pas naturelle : méthode qui était déjà en usage parmi les Égyptiens dans la plus haute antiquité, au moins si l'on en juge par la manière dont les cheveux sont placés sur la tête de leurs statues et des figures de la table Isiaque. C'est ainsi qu'une tête de basalte qu'on voit à la villa Altiéri a les cheveux frisés en plusieurs centaines de boucles, lesquelles tombent sur la poitrine ; et une autre statue, que Pocöcke a rapportée avec lui, porte une coiffure parfaitement semblable. » Nicolaï, auquel nous empruntons cette citation, y ajoute ce commentaire : « Ces cheveux tombant sur la poitrine ne ressemblent pas mal, selon moi, aux perruques carrées qu'on portait comme une marque de dignité au commencement du dernier siècle. Si la conjecture de Winckelmann est fondée, cette tête d'Isis est la plus ancienne représentation de cheveux postiches qu'on connaisse. » Il y avait une perruque ou coiffure à l'Isis, qu'on faisait consister dans deux bandeaux ou tresses de cheveux, séparés également sur le front et dont chaque bout s'arrondissait en forme de croissant. Le savant Baudelot a possédé une Cléopâtre en bronze antique ainsi coiffée. Apulée nous a laissé, dans son *Ane d'or*, la pompeuse description d'une procession faite en l'honneur de la déesse Isis, cette Diane du Nil ; et, dans l'énumération qu'il fait des assistants magnifiquement costumés il parle de femmes dont les riches coiffures avaient été combinées à l'aide de cheveux empruntés ; les hommes n'affichaient pas moins de recherche et d'éclat dans leur parure : « Un entre autres avait des souliers dorés, une robe de soie, des

bijoux, des pierreries et une fausse chevelure artistement nouée et disposée ;
il contrefaisait la démarche affectée d'une petite-maîtresse et démentait son
sexe. » Les perruques égyptiennes étaient quelquefois d'une élévation démesurée, et quant à leur forme, on peut s'en faire une idée en regardant les
coiffures dont les peintres et les sculpteurs affublent Cybèle, et qui paraissent
être une imitation peu dissimulée des perruques. Nous lisons dans les *Observations de plusieurs singularités et choses mémorables trouvées en Grèce, Asie,
Judée*, par le voyageur Pierre Bellon, quelques lignes consacrées à ces autres
pyramides d'Égypte : « La considération de l'accoutrement de tête que portent
les Égyptiennes est moult à noter ; car il est antique, tels qu'on peut voir portraits sur diverses médales. Les auteurs l'ont nommé *turritum capitis orna-
mentum*, ou *turritam coronam*, ou *vittam turritam*, comme qui diroit coiffure
élevée en manière de tours. » Non-seulement hommes et femmes portaient des
perruques en Égypte ; mais on en couvrait la tête des enfants eux-mêmes, pour les
préserver de la chaleur, dit un écrivain. Singulier moyen, on en conviendra !
N'est-ce point un *erratum* à faire ? Quoi qu'il en soit, on peut soutenir comme
un fait positif que la perruque était une des parties essentielles du vêtement pour
les Égyptiens de tout âge et de tout sexe. De là à conclure qu'ils pourraient
bien l'avoir inventée il n'y a qu'un pas, quand on songe qu'ils étaient un des
plus anciens peuples du monde.

Comment, en présence des nombreux, authentiques et irréfragables témoignages
qu'on peut invoquer pour établir la très-grande ancienneté des perruques, s'est-
il trouvé des auteurs qui ont nié que les peuples de l'antiquité, et notamment
ceux de la Grèce et de l'Italie, en aient jamais pratiqué ni même connu l'usage ?
Furgaut et les jésuites de Trévoux, entre autres, ont prétendu qu'ils l'avaient
toujours ignoré ; et l'on ne comprend vraiment pas comment ils ont pu soutenir
une thèse si paradoxale, quand les auteurs grecs et latins abondent en passages
qui démontrent clairement la fausseté d'un tel système. Ils ont contre eux la
tradition, les monuments, la poésie et l'histoire. On est fondé à dire que dans
l'antiquité non-seulement les perruques ont été connues, mais qu'elles ont joui
de la plus grande et de la plus constante faveur. L'antiquité ! mais c'est elle qui
les a créées, elle qui les a perfectionnées, elle qui a vu leur règne le plus brillant,
et il a fallu que les ténèbres du Moyen Age vinssent obscurcir passagèrement
l'éclat de la civilisation occidentale, pour que leur vogue fût oubliée et leur
culte délaissé.

En Grèce, les perruques eurent un grand succès comme objet d'utilité et surtout comme parure élégante ; on n'épargnait rien pour qu'elles portassent le
cachet du bon goût : aussi coûtaient-elles quelquefois très-cher. Les noms les
plus usités pour désigner une perruque étaient *phénaké*, *procomion* et *entrichon*.
Le mot *phénaké* (φενάκη), le plus ordinairement employé, dérive de *phénax*
(φεναξ), qui signifie *trompeur*. Ainsi, dans ce temps, dit Nicolaï en parlant d'un

Grec qui portait perruque, on donnait à entendre que c'était un homme qui mettait sur sa tête une *imposture*, une *tromperie*. A l'époque où ce mot fut pris dans cette acception, on ne s'est sans doute pas contenté de coudre des boucles de cheveux autour d'un bonnet, mais on connaissait déjà l'art de mettre sur la tête, sinon une coiffure entière de faux cheveux, du moins d'y appliquer plusieurs boucles mêlées à la chevelure naturelle. » La *péniké*, dont le nom se lie par la plus proche parenté avec celui de *phénaké*, dont il n'est peut-être qu'une corruption, était, selon toute vraisemblance, une perruque presque semblable. Le commentateur d'Homère, Eustathe, dit à peu près ceci : « La *péniké* est un couvre-chef fait de cheveux, propre aux femmes et aux hommes efféminés qui se rendent chauves. Elle se portait dans l'intention de tromper les personnes vis-à-vis desquelles on ne voulait pas se montrer sans cheveux. » Quelques autres écrivains ont assuré qu'elle n'était que la partie la plus avancée du tour de cheveux, appelé *procomion* : ce qui ne peut s'accorder avec le sens littéral de ce dernier mot, qui signifie *boucle de devant*. Malgré la signification restreinte de *procomion*, Xénophon, Athénée et d'autres auteurs grecs s'en sont servis comme d'un terme général pour désigner une perruque. Peut-être usaient-ils d'une figure de rhétorique, et prenaient-ils la partie pour le tout? Si nous demandons quelques éclaircissements sur ce point au savant Nicolaï, il nous répondra : « Il se pourrait que de pareilles boucles aient d'abord été cousues au bord du bonnet ou de quelque autre couverture de tête, ou bien qu'elles fussent attachées à la chevelure naturelle, ce sont les moyens les plus simples de porter des cheveux postiches, et on s'en est servi également dans des temps plus modernes, avant qu'on connût l'art de coudre les faux cheveux à des rubans, ou l'art plus grand encore de les tresser entre des brins de soie. » L'*entrichon* était probablement moins une perruque qu'un fragment de perruque qu'on appliquait aux endroits de la tête où les cheveux manquaient. Les perruques avaient encore beaucoup d'autres noms, mais nous ne les signalerons pas tous, parce qu'il nous serait impossible d'attacher à chacun d'eux une signification distincte et de préciser en quoi différaient les diverses coiffures que ces noms représentaient. Ce sont autant de questions qu'il faut abandonner aux philologues et aux archéologues réunis; encore est-il à peu près certain que de leurs efforts combinés et de leurs dissertations les plus savantes ne jaillirait pas une bien vive lumière, car les renseignements originaux font défaut totalement ou à peu près. Nous ne nous engagerons donc pas dans un dédale d'investigations sans résultat; nous nous bornerons à mentionner quelques noms, sur la vraie traduction desquels les linguistes sont plus près de s'entendre. Ainsi, *kidaris* signifie vraisemblablement un bandeau de cheveux postiches; *kidarion*, une petite perruque; *pilidion*, une perruque peut-être, mais plutôt un bonnet de feutre. Quelques antiquaires ont cru mal à propos que le *crobylos* était une perruque d'homme, le *corymbe* une perruque de femme, et le *scorpios*, une perruque d'enfant. Ces trois noms sont ceux de trois coiffures de cheveux naturels arrangés différemment. Il est possible cependant qu'on les ait donnés par extension aux perruques dont les formes se rapprochaient de ces diverses manières d'ajuster les cheveux. Dans Pétrone, la servante de Tryphène emmène un certain Giton au fond du vaisseau sur lequel ils voyageaient ensemble, et là elle lui met sur la tête la perruque de sa maîtresse, puis elle fait don à Eucolpe d'un *corymbe* de cheveux blonds. Il est évident que, dans ce passage, le *corymbe* ne peut s'entendre autrement que d'une perruque. Julius Pollux dit que le *cróbylos* était à l'usage des deux sexes : Aristophane et Lucien ne l'attribuent qu'à l'homme, mais il est douteux que chez ces deux auteurs il désigne des cheveux postiches. Le *cróbylos* d'Athènes se nommait *cordyle* à Chypre. Généralement, on appelait ainsi un toupet de cheveux, postiches ou naturels, très-élevé et presque toujours pointu. On a trouvé des médailles représentant des femmes de Corcyre coiffées de la *cordyle* postiche. Il y avait encore une variété de ces coiffures naturelles ou d'emprunt, connue sous le nom de *spatalé* ou *spatalion*. Cette diversité de dénominations prouve du reste combien était poussé loin l'art de fabriquer les perruques, et avec quelle fertilité d'invention, quelle abondance de ressources, on en variait les formes, aussi bien que les usages. Veut-on un exemple de l'admirable perfection à laquelle les perruquiers étaient, de progrès en progrès, arrivés à la fin? Lucien raconte qu'un fameux imposteur de Paphlagonie, appelé Alexandre, et qui semblait être un nouveau Protée, portait de faux cheveux si adroitement mêlés avec les siens qu'il devenait impossible de distinguer les uns des autres : on ne s'aperçut jamais de sa calvitie partielle. La découverte (c'est ici le mot propre) en fut faite par un médecin qui avait à lui faire sur la tête l'application de remèdes indispensables. En Grèce, c'était parmi les femmes que les perruques avaient le plus de crédit. Elles en faisaient, observe Lucien, descendre les boucles jusqu'au point le plus élevé de leurs sourcils, de manière à ne laisser à découvert que la moindre partie de leur front, mode qui a régné en France à diverses époques et qui florissait encore en 1792. Au rapport de Thucydide, les jeunes Athéniennes avaient un goût prononcé pour les coiffures postiches, dont un réseau à larges mailles emprisonnait les blondes tresses sans les dérober à la vue. D'autres attachaient avec des aiguilles d'or ces tresses coquettement ramenées sur le haut du front. Les élégants du temps d'Aristophane avaient emprunté aux femmes les coiffures à l'enfant : dans la comédie des *Acharniens*, l'efféminé Cratinus se distingue par une perruque de ce genre. Pour plaire à Phaon, selon Ovide, Sapho plaçait dans les faux cheveux dont elle ornait sa tête des poinçons enrichis de perles précieuses. Artémidore, onéirocrite renommé, dit, dans son *Traité des songes*, qu'une coiffure de cheveux épais et beaux sied à merveille à une femme, et que celles de son temps, persuadées de cette vérité, pour se rendre plus attrayantes, se paraient de chevelures étrangères ajustées avec art. Un passage d'un dialogue de Lucien pourrait faire croire que les femmes qui voulaient porter perruque se rasaient préalablement la tête, afin sans doute de mieux faire adhérer cet ornement postiche. Nous voulons parler du dialogue de Clonarion et de Léæna, « consacré à la peinture des désordres entre les femmes » (nous empruntons les paroles de Chateaubriand, qui l'analyse dans ses *Etudes historiques*) : « Léæna est aimée d'une riche femme de Lesbos, Mégille, déjà liée avec Démonasse, femme de Corinthe. Ces deux Saphiennes invitent Léæna à partager leur commune couche. Mégille jette au loin sa fausse chevelure, paraît nue et la tête rase comme un athlète. Léæna entre dans des détails assez étendus avec Clonarion, et refuse de lui donner les derniers. » Et remarquez que Mégille n'avait pas seulement les cheveux plus ou moins coupés : elle était tondue, rasée, *usque cute detonsa*, porte la traduction latine de Lucien. Peut-être cet usage était-il particulier aux courtisanes. Il est à présumer que les comédiens l'avaient aussi adopté par nécessité de profession. Nous savons du moins qu'ils portaient un toupet de faux cheveux, se terminant en pointe, à peu près dans la forme de la lettre grecque *lambda* (Λ) : cette touffe élevée se nommait ὄγκος (*oneos*). Le caractère des personnages déterminait le plus ou moins de hauteur de cette coiffure tragique. Les personnages blonds et d'un caractère doux portaient l'*oneos*, de moyenne dimension ; ceux qui avaient les cheveux et la barbe noirs, et dont les rôles étaient forts et fiers, se grandissaient au moyen d'un *oneos* très-élevé. De là vient qu'aux personnes hautaines et emportées, on donnait l'épithète d'*hyperoneos*, c'est-à-dire *à perruque haute*. En France même, ne disons-nous pas encore des gens audacieux et entreprenants *qu'ils ont un grand toupet ?*

Nous retrouverons en partie les perruques grecques, plus ou moins modifiées, sur les têtes romaines. *Galerus* était le mot principal qui servait chez les Romains à désigner une perruque. Le *galerus* était commun aux deux sexes. Dans l'origine, on désignait ainsi un capuchon ou bonnet de peau de bête à laquelle on laissait sa laine ou son poil. Ce vêtement, destiné à protéger la tête contre le froid, se transforma graduellement et devint à la fin une perruque, ou du moins il en donna l'idée et en fournit le premier modèle. On fit d'abord les *galeri* avec des peaux garnies de leur poil, et ensuite avec des cheveux. Les acteurs en portaient de diverses couleurs sur la scène. Les *galeri*, proprement dits, perruques rondes qu'on plaçait sur la tête et non autour, ne doivent, en aucun cas, être confondus avec les *corymbes* à pointe ; ils en sont absolument l'opposé. *Capillamentum* était le nom générique qui pouvait s'appliquer à toutes les espèces de coiffures d'emprunt. On le trouve très-fréquemment employé dans les auteurs anciens. Avons-nous besoin de dire qu'il dérive de *capillus*, cheveu ? Turnèbe croit qu'il ne pouvait se dire que des perruques d'hommes, comme le *corymbe*, des perruques de femmes ; mais cette opinion ne nous paraît pas acceptable. Le *corymbe*, emprunté aux Grecs, était la perruque la plus élégante et la plus riche : on la prenait pour faire les visites d'étiquette, pour aller à la promenade, pour assister aux divers spectacles dont les Romains étaient si avides. Cette coiffure d'apparat, qui ne ressemblait pas mal à celle des Bacchantes, était surtout remarquable par son volume immense. Il est à peu près certain qu'il faut voir dans le *caliendrum* une perruque de femme. Les auteurs sont, du reste, assez peu d'accord sur le véritable emploi de cet objet de toilette et sur la vraie signification du mot. Les uns veulent que ce soit un ornement de tête, quelque chose comme un tour de cheveux que les femmes auraient ajouté à leur chevelure naturelle, afin de pouvoir faire de plus longues tresses; les autres soutiennent que c'était tout simplement un voile. Cette dernière explication est complétement erronée; on en trouve une preuve dans le vers où Horace nous représente les sorcières laissant tomber leurs fausses dents et leurs faux cheveux :

> Canidiæ dentes, altum saganæ caliendrum
> Excidere.

Galiendrum altum ne peut ici se traduire que par *perruque élevée*; un *voile élevé* n'aurait pas de sens. Les étymologistes tirent le mot *caliendrum* du grec *callyntérion*, qui signifie, selon Hésychius, tout ce qui sert à l'ornement. Il ne serait pas impossible non plus qu'il dérivât de *callietheira*, cheveux bien ornés. Tous les noms de perruques que nous avons donnés n'ont pas encore suffi aux auteurs latins; ils ont employé, pour exprimer la même chose, de nombreuses périphrases, telles que, par exemple, *coma adulterina*, fausse chevelure; *coma additilia*, chevelure ajoutée; *coma apposita*, chevelure appliquée; *positi capilli*, cheveux adaptés. Martial et plusieurs autres indiquent quelquefois une perruque par cette expression tout à fait latine : *persona capitis*, masque de tête, à laquelle aucun gallicisme ne répond exactement. Ovide parle souvent de cheveux achetés, *crines empti*.

Ce fut, croit-on, vers les derniers temps de la République que la mode des perruques s'introduisit à Rome. Elles furent d'abord adoptées par les femmes, qui avaient déjà le goût des coiffures de cheveux naturels, élevées avec un art infini à des hauteurs exagérées. Les hommes, qui portaient les cheveux courts, avaient un moindre besoin des perruques; aussi n'en prirent-ils pas dès le commencement : les chauves s'en servirent seuls d'abord. Il est probable que les premières femmes qui y eurent recours furent celles qu'affligeait une calvitie prématurée; mais d'autres ne tardèrent pas à les imiter, uniquement par amour de la parure; et cette innovation faisant des progrès rapides, on en vint bientôt à s'affubler de ces immenses perruques comme on en voit sur les monuments antiques qui nous ont été conservés. « A Rome, dit Nicolaï, les femmes avaient grand soin de leurs ornements de tête en général; aussi portaient-elles presque toutes des chevelures postiches. Othon Sperling le jeune prétend même que les dames romaines paraissaient rarement en public avec leurs cheveux naturels, mais presque toujours la tête couverte d'une chevelure artificielle; ce qu'on ne pourrait cependant pas prouver peut-être. Elles ne s'en servaient point pour paraître plus âgées, comme le fit la déesse de la Sagesse, mais pour être plus belles. » Sous le règne d'Auguste, les perruques brillaient du plus vif éclat, métaphoriquement parlant. « Tu vois les dangers où le sort m'appelle, dit Properce à sa Cynthie, et tu les vois avec une tranquillité indifférente. Tu ne crains pas de charger ta tête d'une chevelure étrangère!... »

> Et potes externos manibus componere crines.

Une des particularités qui contribuèrent le plus à l'adoption des perruques par les dames de Rome fut le goût assez singulier qu'on avait à cette époque pour les fronts étroits. Pour être beau, un front devait être court, dit Winckelmann dans son *Histoire de l'art chez les Grecs*. Un front haut passait à Rome et en Grèce pour une difformité, s'il faut en croire Lucien. Aujourd'hui encore, ce goût absurde règne en Circassie : les belles femmes de ce pays rabattent leurs cheveux jusque sur leurs sourcils pour se rapetisser le front. Sapho, bien avant elles, en faisait tout autant, et Ovide lui décerne sérieusement l'éloge de femme à front étroit, *fronte brevis*. Horace loue de même Lycoris, *insignis tenui fronte*, si remarquablement belle par son front bas. On conçoit combien l'usage des perruques dut favoriser une si étrange aberration, alors qu'elle était commune au vulgaire et aux esprits les plus distingués. Il est vrai que, par compensation, la tête, grâce à l'élévation disproportionnée des coiffures artificielles, gagnait en ridicule ce que le front perdait en grâce : qu'on en juge, en contemplant les médailles et les pierres gravées qui nous offrent toutes les variétés de coiffures romaines, dont quelques-unes auraient fait blanchir de jalousie la perruque de Louis XIV elle-même ! Mais les élégantes de Rome ne s'en tenaient pas à celles-là, qui eussent été fort gênantes en certaines circonstances. Elles en avaient de diverses dimensions pour les différentes heures du jour, et une, entre autres, qu'elles ne mettaient que le matin pendant les préparatifs de la toilette : cette perruque négligée, dont la forme rappelait celle d'un petit casque, s'appelait *galericon*. Il paraît du reste que les cheveux artificiels étaient bien artistement ajustés, puisqu'il était facile de s'y méprendre et de les croire naturels. Martial a pu dire dans une de ses épigrammes : « Fabulla jure que les cheveux qu'elle a achetés sont bien à elle. »

> Jurat capillos esse, quos emit suos
> Fabulla.

Quand on examine avec soin les nombreuses statues de femmes antiques que nous possédons, on est obligé de convenir que les conjectures seules sont possibles à qui veut distinguer des perruques les chevelures naturelles. Et à propos de statues couronnées de perruques plus ou moins déguisées, il y a de fort curieuses choses à relever. « Deux bustes conservés de dames romaines, dont la perruque se laisse enlever entièrement de la tête, écrit Nicolaï, nous fournissent une preuve convaincante que cette couverture de tête était fort en usage à Rome, surtout parmi le beau-sexe. Il serait difficile de dire dans quelle intention les statuaires romains ont imité à leurs statues et à leurs bustes une pareille chevelure postiche qu'on pouvait ôter à volonté. Auraient-ils voulu indiquer par là que ces femmes s'étaient pendant leur vie fait tondre entièrement la tête, et qu'elles portaient constamment une semblable perruque? Ou bien cela aurait-il servi à pouvoir changer de temps en temps la perruque de ces bustes? Cette idée serait plaisante : cependant elle a véritablement été mise à exécution. Winckelmann nous apprend que le buste de Lucille, au Capitole, a une perruque de marbre noir, adaptée à la tête de manière qu'on peut aisément l'en détacher. Dans le jardin de Sans-Souci, il y a un pareil buste singulier, provenant de la collection du cardinal de Polignac : on en peut enlever la coiffure entière. OEsterreich lui a donné, mais fort arbitrairement, à ce qu'il paraît, le nom de Julia Mamméa, mère de l'empereur Alexandre Sévère. Ce buste de Potsdam est certainement un morceau fort précieux en ce qu'il nous fait connaître exactement la forme des perruques des dames romaines. Un autre buste antique, auquel M. Visconti donne le nom de Julia Pia, porte une coiffure postiche dont les boucles traversent le front en longueur et passent par-dessus le sommet de la tête. Il en décrit encore un d'une dame romaine inconnue placé sous le portique du palais de la villa Borghèse. Cette tête a une autre espèce de coiffure, faite également avec beaucoup d'art, et dont les boucles passent, en largeur, du front par-dessus la tête et se terminent par derrière en une sorte de chignon. Il y a lieu de croire que cette coiffure est pareillement tout à fait artificielle. » Des statues dont on changeait les perruques amovibles, selon les exigences de la mode! N'est-ce pas là un des traits les plus curieux de l'histoire de la chevelure, et qui prouve mieux que tout autre l'importance qu'on attachait à la parure de la tête? Faut-il s'étonner après cela que l'usage des cheveux postiches ait été plus durable, qu'un usage, frivole en apparence, ne l'est ordinairement? Au deuxième siècle, les Romains portaient encore perruque. Veut-on un témoignage à l'appui de cette assertion? Le poëte Flavius Avianus, qui vivait à cette époque et faisait des fables, raconte l'anecdote que voici. Un chevalier chauve, qui d'ordinaire portait des cheveux postiches qu'il avait soin d'attacher solidement, oublia un jour de prendre cette précaution. Il eut bien à s'en repentir! Tandis que la foule, à travers laquelle il passait à cheval et revêtu de ses armes les plus brillantes, contemplait sa tête ridicule, le vent du nord soufflait avec une violence extrême. Qu'arriva-t-il? Sa perruque s'envola (*dejecto galero*), et l'on ne vit plus qu'un crâne pelé là où tout à l'heure se faisait remarquer une chevelure postiche (*apposita coma*). Mais notre homme ne perdit pas son sang-froid pour si peu, et entendant le peuple, qui s'égayait de sa mésaventure, rire bruyamment et l'accabler de lazzis et de huées : « Quoi d'étonnant, fit-il simplement, que ma perruque m'échappe, puisque mes propres cheveux m'ont eux-mêmes abandonné déjà? »

Parmi les causes qui déterminèrent les Romains à adopter l'usage de la perruque, il en est une que nous n'avons pas dite ; quoiqu'elle soit peu sérieuse, nous ne devons pas moins réparer cette omission. Nous voulons parler ici des têtes prédestinées à cet ornement. Qui croirait que dans le siècle d'Auguste, pendant que Virgile, Horace, et toute la pléiade brillante dont ils étaient le centre, produisaient leurs admirables compositions, le peuple romain était fermement convaincu que l'étoile sous l'influence de laquelle étaient nées certaines personnes les condamnait d'avance à porter perruque ? Rien de plus vrai cependant ! « On sait, remarque Nicolaï, que le poëte Manilius, qui florissait à cette époque, dit, dans ses *Astronomiques*, que ceux qui sont nés sous le signe du Taureau, lorsque les constellations brillent d'un égal éclat, ont le plus grand soin de leurs chevelures, qu'ils les disposent en boucles flottantes ou les attachent avec des bandelettes pour en former un toupet haut et épais, et enfin qu'ils changent même de tête, en s'adaptant de fausses chevelures. Mais comme, suivant les critiques, Manilius a interpolé dans son poëme des passages entiers d'auteurs grecs beaucoup plus anciens que lui, qui sait si cette croyance ne remonte pas infiniment plus haut parmi les Romains ? Du moins est-il certain que ce préjugé a duré longtemps après notre poëte ; car le mathématicien, c'est-à-dire l'astrologue Julius Firmicus, qui vivait au quatrième siècle, répète ce que nous venons de dire de Manilius. » Du moment où les astres eux-mêmes s'employèrent en faveur des perruques, que d'éloges, que de respects ne dut-on pas leur prodiguer ! Quelle ère de prospérité pour elles ! Aussi, comme l'assure Deguerle, point de fêtes sans perruques. Il fallait les voir ces jours-là s'étaler et briller ! « Aux calendes de janvier, c'est-à-dire au premier jour de l'an, l'étrenne la mieux reçue était une perruque, dit ce panégyriste, qui fait preuve d'imagination autant que de science ; si les *matronales* étaient la fête des dames, elles étaient donc aussi la fête des perruques. Pendant la célébration des bacchanales, ou, si vous voulez, à l'époque du carnaval romain, la perruque jouait encore un grand rôle : on y voyait aussi les hommes se mêler aux bacchantes, la main armée de torches et la tête affublée de perruques de femmes. »

L'empressement que mirent plusieurs empereurs à prendre perruque ne fut pas, comme on le pense bien, une des moindres causes de la vogue des cheveux postiches, grâce à l'esprit d'imitation qui est le caractère des courtisans et du peuple. Les femmes que la fortune avait assises sur le trône à côté des Césars prirent aussi cette mode sous leur protection. Avec un tel patronage, elle ne pouvait que prospérer, et c'est ce qui arriva, ainsi que nous l'avons dit. Nous citerons quelques noms d'hommes et de femmes dont la tête fut à la fois couronnée d'un diadème et d'une perruque. Adrien Valois possédait quatorze médailles d'impératrices dont les perruques étaient toutes de formes différentes. Sylla (pour procéder chronologiquement) faisait usage de faux cheveux. Jules César, nous l'avons dit, cachait son front chauve sous une couronne de lauriers. Poppée, la seconde femme de Néron, qui avait tout, dit Tacite, hormis des mœurs, avait nécessairement une perruque. Galba était presque chauve : il est ainsi représenté sur quelques médailles, et avec des cheveux sur quelques autres; on doit penser que ces dernières sont celles d'un Galba en perruque, à moins que l'on ne conteste sa quasi-calvitie, ce que le double témoignage de Pétrarque et de Suétone, ses biographes, rend impossible : Fabius Fabulus, qui l'avait tué, disent ces deux auteurs, lui coupa la tête, mais ne pouvant la saisir par les cheveux, puisqu'elle en était dégarnie, il l'emporta dans un pan de sa robe. « Othon, dit Suétone, envieux de sa toilette presque autant qu'une femme (*munditiæ fere muliebris*), se faisait épiler tout le corps et portait sur sa tête, à peu près chauve, de faux cheveux fixés et arrangés avec tant d'art que personne ne s'en apercevait. » Il résulte de l'inspection attentive des statues et bustes authentiques de cet empereur, qu'il ne se couvrait pas la tête d'une perruque entière, mais qu'il s'ajustait un gros tour de cheveux si habilement fait qu'on aurait difficilement reconnu l'artifice. Il est toujours représenté avec une perruque sur ses médailles d'or et d'argent, mais sur celles de bronze, il n'a que ses rares cheveux naturels. Ce fait, qui paraît d'abord singulier, s'explique ainsi : les médailles de bronze d'Othon furent coulées en Égypte, où l'on ne connaissait pas la chevelure postiche dont il usait à Rome. Parlons de Domitien. « Cet empereur, lisons-nous dans Nicolaï, était totalement chauve : cependant toutes ses médailles nous le représentent chevelu. Le comte de Caylus a eu, à ce sujet, une idée étrange. Il pensait que les anciens artistes n'avaient eu d'autres raisons de le figurer ainsi que leur amour pour le beau. Mais il est plus probable que Domitien couvrait de cheveux postiches sa tête pelée. Cela paraît d'autant plus présumable que Suétone nous apprend que cet empereur était fort sensible à son défaut de cheveux. Sa chevelure, sur ses médailles, a la forme d'un *galerus*, si artistement frisé, surtout quand on pense que ce portrait est celui d'un homme chauve, qu'on n'en saurait tirer d'autre conclusion, si ce n'est qu'il est représenté avec de faux cheveux, ainsi qu'il en a réellement porté; car on ne peut certainement pas dire que c'est là un idéal de la beauté. » Domitia, femme de Domitien, se coiffait d'une perruque, dont la partie antérieure est parfaitement semblable à celle de l'empereur Othon, ce qui confirme le jugement de Suétone, qui le déclare efféminé dans ses mœurs et dans sa toilette. Ce fut Plotine, femme de Trajan, qui, par son exemple, favorisa la vogue des perruques. Andromaque, dont se moque si bien Juvénal dans sa sixième satire, Elles formaient sur le devant de la tête plusieurs étages très-élevés et présentaient l'aspect d'un turban à triple rouleau; on conçoit aisément que les femmes de petite taille aient adopté avec plaisir une coiffure qui les grandissait. « Mais la perruque la plus fameuse de l'antiquité, comme le proclame le docteur Akerlio, fut sans contredit celle de l'empereur Commode. La description élégante qu'Ælius Lampridius en a faite lui assure l'immortalité : c'était le *corymbion*, mais le *corymbion* dans tout son éclat. Il faut voir, dans l'histoire, ce prince

ajustant devant son miroir sa vaste perruque, l'abreuvant d'essences et de parfums, et répandant sur elle des flots de poudre d'or! » Il y a dans les *Monumenti
Gabini* de M. Visconti un buste antique, que ce savant prend pour celui de Plau-
tille, femme de Caracalla. Il est visible que la coiffure dont la tête est ornée n'est
autre qu'une perruque. L'impératrice Cornélie Salonine, femme de Gallien,
portait un *capillamentum*, surmonté d'une aigrette et attaché avec une aiguille.
Othon Sperling a composé une dissertation sur une médaille de Furia Sabina
Tranquillina, femme de Gordien III ; il regarde la perruque de cette impératrice,
sur la médaille rare qu'il a expliquée, comme un *galerus sutilis* (cousu) tandis
qu'il prend, au contraire, pour un *galerus textilis* (tissu ou tressé) la perruque
de la même femme, sur une autre médaille qu'il a également étudiée.

L'emploi qu'on faisait des perruques n'était pas toujours irréprochable. Il favorisa
quelquefois de coupables intrigues et même de monstrueuses débauches. Les *galeri*
ne furent pas plus utiles aux hommes et aux femmes chauves, qu'à ceux et à celles
qui avaient besoin de se déguiser pour accomplir un acte mystérieux ou commettre un crime. Nous voyons, il est vrai, dans les *Ruses de guerre* de Polien,
qu'un certain Charimène, poursuivi par les vaisseaux de guerre de Périclès de
Lycie, se mit sur la tête des cheveux postiches, et put se sauver ainsi en traversant le territoire de ce même Périclès. Que la perruque n'a-t-elle toujours servi
des ruses si innocentes! Mais son histoire présente des traits qui lui font
moins d'honneur. Au rapport de Suétone, Caligula, voulant, par un reste de
pudeur, n'être pas reconnu, quand il se rendait dans les lieux de débauche, afin
d'y lutiner les prostituées, comme dit familièrement Deguerle, ne trouvait pas
de meilleur moyen que de revêtir une longue robe et de se cacher la tête sous
une perruque : *ganeas utque adulteria capillamento celatus et veste longa nocti-
bus obibat.* Messaline, femme de Claude, désertant furtivement la couche de
l'empereur et le palais des Césars pour satisfaire ses goûts impurs et pour se
rendre dans les faubourgs de Rome, où elle se livrait aux grossières caresses des
portefaix, avait soin, ainsi que l'atteste Juvénal, de s'affubler d'un *galerus*. Un
commentateur du poète satirique prétend que son but n'était pas tant de se
déguiser, que de se faire passer pour une vraie courtisane; les perruques blondes
étaient, selon lui, particulièrement portées par les prostituées et faisaient une
de leurs marques distinctives. Cette version, qui n'est pas inattaquable, n'est pas
non plus contrariée par le texte de Juvénal, qui dit, en effet, qu'elle cachait ses
cheveux noirs sous une perruque blonde :

> *Sed nigrum flavo crinem abscondente galero.*

De tels exemples, venus de si haut, devaient porter leurs fruits et trouver des
imitateurs. Aussi Ovide nous apprend-il que Pallas, pour se rendre chez
Arachné, prenait la figure d'une vieille femme, en s'appuyant sur un bâton et en
se couvrant les tempes de faux cheveux blancs :

Pallas anum simulat : falsosque in tempora canos
Addit, et infirmos baculo quoque sustinet artus.

Le patricien Gracchus, passionné, malgré son rang, pour le métier de gladiateur, se grimait de son mieux pour descendre dans l'arène : Juvénal dit que, pour n'être point reconnu par les spectateurs, il se déguisait à l'aide d'une perruque du plus grand volume. Ce n'est là qu'une peccadille. La conduite scandaleuse de Néron et d'Héliogabale appelle un blâme plus sévère. Ces deux empereurs, faisant de leurs perruques les complices de leurs désordres, se travestissaient, en prenant le *galerus* rond, afin de pouvoir en toute sécurité assouvir leurs passions désordonnées dans les lupanars. Mais baissons le rideau devant ces turpitudes impériales, et passons à un détail religieux. Il paraît que le cérémonial de certaines superstitions païennes commandait l'emploi de la perruque. « Un dévot à Diane, écrivait l'évêque saint Maxime en 460, a la chevelure coupée, hérissée et composée de cheveux faux, la poitrine nue, les cuisses à moitié découvertes. Il est préparé au combat comme un gladiateur et porte un instrument de fer en sa main, pour se déchirer à force de coups. » Molé fait observer que ces paroles sont peut-être le dernier monument qui nous soit resté de l'antiquité sur l'usage des chevelures artificielles.

Quelques détails techniques sur les perruques romaines doivent trouver ici leur place. Parlons d'abord de la couleur qu'on leur donnait. Nous avons déjà dit que les matrones, étant brunes et très-brunes, avaient une prédilection particulière pour les cheveux blonds, précisément peut-être parce qu'ils étaient peu communs en Italie. Une chevelure blonde et nuancée de reflets dorés passait pour une des plus rares beautés qu'on pût admirer chez une femme. Il était donc tout naturel que les perruques blondes fussent les plus prisées. C'était faire à une dame un présent fort agréable et toujours bien reçu, que de lui offrir des cheveux de cette couleur. Aussi est-il fort difficile d'admettre que les courtisanes seules aient eu le privilège d'en porter : elles auraient inspiré trop d'envie aux honnêtes femmes. Mais on peut croire qu'elles en avaient, leur profession les obligeant plus que toutes autres à rehausser leur beauté, en accommodant leurs parures au gré des libertins, à qui elles vendaient leurs faveurs. De nos jours encore, les femmes galantes ne se réservent-elles pas les primeurs de la mode, et ne sont-elles pas les esclaves les plus soumises à ses caprices ? Le goût des perruques blondes était ruineux pour les Romaines ; les femmes riches pouvaient seules s'en procurer. Elles en faisaient venir à grands frais du fond de la Germanie, car c'était ce pays qui fournissait les plus beaux cheveux dorés, et en si grande quantité qu'il suffisait presque seul à parer les têtes élégantes de la ville souveraine. Les chevelures gauloises étaient aussi fort estimées en perruques. Les poëtes ont souvent reproché à leurs maîtresses le singulier attrait qu'avaient pour elles ces cheveux allemands. Properce fait une sortie violente contre cette mode : « C'est quelque chose de honteux, dit-il, qu'une Romaine recherche ainsi une couleur belgique! »

Turpis romano belgicus ore color.

Martial raille Lesbie, et lui écrit qu'il lui envoie une perruque de Germanie, pour lui faire voir que ses cheveux naturels sont encore plus blonds que ceux des peuples de cette contrée ;

Arctoā de gente comam tibi, Lesbia, misi,
Ut scires quantò sit tua flava magis,

Ovide, dans le livre des *Amours*, s'afflige que sa maîtresse, qui a par sa faute perdu ses beaux cheveux, soit obligée d'avoir recours à l'art du perruquier, et lui dit : « A présent la Germanie te fournira des cheveux d'esclaves! tu seras parée des dons d'une nation vaincue. Oh! combien de fois un admirateur de ta chevelure te fera rougir! Tu te diras : Aujourd'hui c'est un bien d'emprunt qui me fait trouver belle! c'est une Sicambre inconnue qu'on admire en moi; il fut un temps, je ne l'ai pas oublié, où je méritais ces hommages!... Malheureux que je suis! elle a peine à retenir ses larmes; elle cache avec ses mains son front et ses joues, où se peint la rougeur de l'innocence. Elle tient sur ses genoux son ancienne chevelure; elle la contemple... Hélas! ce n'est point la place que cette chevelure était digne d'occuper! Reprends tes esprits et ta figure ordinaire! ta perte n'est point irréparable : dans peu de temps, tu attireras les regards par la beauté de tes cheveux! » Pour donner encore plus d'éclat à ces cheveux qu'ils faisaient acheter en Germanie et qu'ils travaillaient ensuite, les perruquiers de Rome les passaient au savon de Hesse : « Tu seras plus élégant avec des cheveux d'esclaves germains, dit Martial ; le savon de Hesse les enflamme de son écume. »

Cattica teutonicos accendit spuma capillos,
Captivis poteris cultior esse comis.

Quelles autres préparations les ouvriers leur faisaient-ils subir, et quels procédés employaient-ils ensuite pour les monter? On ne le sait guère. « On ne trouve indiquée nulle part, affirme Nicolaï, la manière dont on s'y prenait à Rome pour faire les perruques; cependant il paraît qu'au troisième siècle on avait porté assez loin cet art. On pourrait même presque conclure d'un passage de Tertullien, que, de son temps, on connaissait la manière actuelle de tresser les cheveux, quoique, d'un autre côté, il semble invraisemblable qu'on fût parvenu à ce point de perfection. Néanmoins Tertullien se sert des expressions *sutilia et textilia capillamenta*, ce qui peut fort bien s'entendre de cheveux tressés et cousus. Dans un passage d'Apulée, il est parlé d'*adtextis capillaminibus*, ce qui ne peut signifier que des cheveux qu'on a appliqués en les tressant. Il serait, au reste, inutile de nous livrer à de vagues conjectures, puisque nous ne savons rien de certain concernant les moyens qu'employaient les perruquiers de Rome. » On sait seulement que les substances dont ils enduisaient les faux cheveux leur donnaient autant de solidité que de souplesse, et leur assuraient une très-longue durée. Chateaubriand a vu en Italie une chevelure de femme retirée d'un tombeau, chevelure qui avait survécu à l'empire romain! C'était peut-être une perruque.

Les *galeri* et autres *capillamenta* quelconques étaient montés sur une coiffe de peau de bouc, ou de chèvre, ou de chevreau, dont on faisait aussi des souliers; ce qui a inspiré à Martial cette jolie épigramme :

> Hædinâ tibi pelle contegenti
> Nudæ tempora verticemque calvæ,
> Festive tibi, Phœbe, dixit ille
> Qui dixit caput esse calciatum.

« Puisqu'une peau de bouc couvre tes tempes nues et ta nuque dépouillée, c'est plaisanter agréablement, Phébus, que de dire que ta tête est chaussée. »

Il nous reste à parler d'une mode beaucoup plus singulière que toutes celles que nous avons déjà fait connaître. « Tel était l'engouement, dit Deguerle, que le front chauve qui ne pouvait atteindre au prix courant des perruques voulait du moins en arborer l'image, Martial, Farnabe et Turnèbe nous l'apprennent : on se peignait la tête avec des pommades de diverses couleurs, on donnait à ces croûtes parfumées la figure d'une perruque, et les sillons onduleux dont on savait les orner jouaient, dit-on, au parfait les tresses de cheveux naturels! » Il est à peine croyable qu'une invention, nous ne dirons pas si merveilleuse, mais si ridicule, ait jamais pu être accueillie avec faveur et appliquée par des gens raisonnables. D'ailleurs, un pareil procédé nous paraît d'une pratique impossible. Rango cependant n'en rejette pas absolument l'usage, et, pour le rendre probable par un exemple, il rappelle que de son temps un pauvre peintre, n'ayant pas d'argent pour s'acheter des bas, s'en peignit sur les jambes! Mais combien sont différentes les difficultés d'exécution et l'importance de l'effet produit entre des jambes teintes en noir et des têtes bariolées de couleurs éclatantes! Et puis l'originalité du peintre est une amusante exception, tandis que le goût des perruques en peinture compromettrait la gravité de tout un peuple; et de quel peuple! Du peuple romain. Nous ne pouvons toutefois nous dispenser de reproduire l'épigramme de Martial qui a donné lieu à cette bizarre interprétation, et qui, nous l'avouons, y prête plus que le bon sens ne l'aurait voulu. Martial s'adresse à un certain Phébus, qui donnait dans le travers du jour : « Tu prétends, lui dit-il en se moquant, dissimuler la nudité de ton crâne sous des cheveux imaginaires et peints avec un onguent : tu n'as donc pas besoin de barbier; veux-tu te raser la tête, Phébus? une éponge sera mieux ton affaire. »

> Mentiris fictos, unguento, Phœbe, capillos

Et tegitur pictis, sordida calva comis :
Tonsorem capiti non est adhibere necessum ;
Radere te melius spongia, Phœbe, potest.

Épigramme que Dépierris a versifiée ainsi, en l'amplifiant :

Par un secret étrange et merveilleux,
D'un onguent aujourd'hui tu fais ta chevelure.
Crois-tu me fasciner les yeux,
Avec tes cheveux en peinture ?
Ton secret malgré toi se laisse apercevoir.
Quand tu voudras te les couper, Oronge,
Ne cherche plus ni ciseaux ni rasoir :
Tu n'as besoin que d'une éponge.

Avant d'en finir avec les perruques romaines, nous leur donnerons, qu'on nous le pardonne, non pas le coup de pied de l'âne, mais celui de Pégase, en reproduisant quelques-unes des nombreuses railleries par lesquelles les poëtes latins ont essayé d'en ridiculiser l'usage, usage contre lequel toutefois resta impuissant ce chœur de malédictions et de sarcasmes. « Une femme, pour orner sa tête, peut emprunter des secours, lisons-nous dans l'*Art d'aimer* d'Ovide, et s'approprier pour de l'argent une chevelure étrangère. On n'a pas honte de faire publiquement ces emplettes, et cela, à la face d'Hercule et des Muses ! » Il faut, pour l'intelligence de ce passage, savoir que c'était au forum Boarium, tout auprès des temples des Muses et d'Hercule, que s'installaient les marchands de cheveux postiches. Deguerle traduit ainsi fort librement, et en la défigurant même un peu, une des épigrammes de Martial, dans le texte duquel il s'agit d'une femme et non d'un jeune homme :

On dit que le jeune Alette
Porte les cheveux d'autrui :
Moi qui sais qu'il les achète,
Je soutiens qu'ils sont à lui.

Voici une autre épigramme de Martial, ce poëte des cheveux, qui ne se rapporte pas moins à notre sujet :

Dentibus atque comis, nec te pudet, uteris emptis ;
Quid facies oculo, Lælia ? non emitur.

Dans un journal révolutionnaire, *le Messager des relations extérieures*, numéro du 3 thermidor an VI, cette épigramme se trouve paraphrasée comme il suit (la Cydalise française remplace la Lælia latine, pour éviter un hiatus) :

Cydalise achète
Ses dents, ses cheveux ;
Et si la coquette
N'a pas de beaux yeux,

Faut-il qu'on s'étonne?
C'est qu'on n'en vend pas.

Les chevelures artificielles n'étaient pas du goût de Properce : dans une de ses élégies à Cynthie, il souhaite toutes sortes de maux aux jeunes filles assez sottes et d'un goût assez dépravée pour en faire usage :

Illi sub terris fiant mala multa puellæ,
Quæ mentita suas vestis inepta comas.

Lucilius, ce poëte dont les traits d'esprit enrichissent l'anthologie latine, proteste, avec une pointe d'ironie assez piquante, contre le tort qu'on se donne en accusant la vieille Nigylla de teindre ses cheveux : « Elle les a, dit-il, achetés fort noirs au marché. » Si spirituels que soient tous ces détracteurs de la perruque, les partisans ont le droit de répondre qu'il faut se garder en toutes choses de confondre l'abus avec l'usage, et que d'ailleurs la plupart de ceux-là même qui se sont moqués des cheveux postiches ont pu dans leur vieillesse être réduits à en porter : châtiment sévère, mais mérité, si les dieux étaient justes! Ces mêmes dieux eux-mêmes, puisqu'ils viennent imprudemment se placer sous notre plume, n'honoraient-ils pas les perruques d'une protection spéciale? Voyez plutôt ce qu'en dit l'auteur de l'Éloge des Perruques : « Les prêtres de Diane, selon saint Maxime, portaient une perruque courte à cheveux hérissés. La coquetterie, si l'on en croit Dion Chrysostome, s'était glissée jusque sur les autels. C'est là que la majesté des dieux s'accroissait encore de la majesté des perruques. On murmura plus d'une fois tout bas contre Apollon, qui, non content de briller dans les cieux par sa chevelure d'or, accaparait encore sur la terre, pour parer ses images, les plus belles perruques de Rome. Mais, parmi les perruques divines, nulle n'était plus imposante que celle de Jupiter *multicomans* ou *porte-perruque*, comme dit fort bien la Mothe le Vayer. Je pourrais encore montrer la *Paix* en perruque; mais je me contente, pour cet article, de renvoyer aux commentaires du président Bouhier sur Pétrone, au poëme de la Guerre civile. »

Ici se termine la partie de notre travail qui concerne les anciens. Nous allons maintenant fixer notre attention sur la barbe et la coiffure des barbares, étude qui nous servira de transition entre l'antiquité et le Moyen Age, comme le Moyen Age proprement dit nous en servira à son tour pour passer de la décadence du monde romain à la Renaissance et aux temps modernes.

Avant de passer outre, arrêtons-nous un instant à l'étymologie de notre mot *barbe*. Une opinion veut que le latin *barba* se soit formé de l'hébreu *abab*, d'où vient *abib* qui signifie premier germe, première fécondité. De *abab* on aurait fait *barba* par l'addition de la lettre *r*. Nous donnons cette étymologie pour ce qu'elle peut valoir. Dans l'ancienne langue celtique, *bar* signifiant *homme*, *barb* voulait dire *viril*. Comme la barbe est le signe de la virilité, il est tout à fait probable que c'est là l'origine du mot par lequel nous l'exprimons. *Barb* a encore aujourd'hui le même sens en breton. *Barbe* se dit *barba* en espagnol et en italien; *bars*, en tartare de Crimée; *baard*, en flamand; *beard*, en ancien saxon et en anglais; *bart*, en allemand; *part*, en tudesque; *parta*, en finlandais; *varves*, dans les patois du midi de la France. D'où l'on peut conclure hardiment que *barbe* est un mot d'origine celtique : cela dit, passons à la chose elle-même qu'il désigne.

Parmi les barbares qui envahirent Rome et y portèrent l'étonnement et l'effroi, les uns avaient le menton rasé, les autres portaient de longues barbes et de longues moustaches. Les Huns, dont l'aspect hideux faisait horreur aux autres barbares eux-mêmes, moins barbares qu'eux, dépouillaient de tout poil leur visage noir et aplati. Pour s'assurer que leurs enfants, quand ils seraient devenus hommes, n'auraient pas plus de barbe qu'eux, ils recouraient au plus cruel expédient : Ammien Marcellin dit positivement qu'ils leur brûlaient et leur coupaient la peau des joues et des lèvres. Aussi, reculait-on de terreur devant ces créatures défigurées et couvertes de larges cicatrices. César nous apprend que les Bretons avaient tout le corps soigneusement rasé, à l'exception de la lèvre supérieure, ornée de moustaches. Les Cattes, observés par Tacite, nourrissaient leurs barbes aussi bien que leurs cheveux. Sur des planches qui faisaient partie du cabinet d'un savant hollandais, Smatius, étaient représentées des têtes de Sicambres ou Bataves, tirées de petites statues antiques ou de pommeaux d'épées; ces têtes avaient des barbes extrêmement longues. Les Lombards (*Longobardi*) ne se coupaient ni ne se rasaient jamais le poil du visage. On a prétendu que de cette coutume leur venait leur nom (*long*, long, et *baert*, barbe). Leur barbe, quoique entière, n'était pas inculte; ils en prenaient même grand soin et la poudraient. Tirer quelqu'un par la barbe, constituait chez eux le plus grave outrage. Leur roi Rotharis rendit une loi qui condamnait à une *composition* de six sous d'or quiconque traînerait par la barbe un homme libre : si l'injure avait été reçue par un serf, l'amende infligée au coupable n'était que d'un sou. On comprend, d'après cela, que c'était faire subir une peine excessivement plus forte à un Lombard que de lui couper la barbe : ce fut la vengeance qu'exerça sur Rotharis révolté le roi Aribert; après quoi il l'envoya en exil à Turin. « Ces peuples, dit dom Frangé, étaient persuadés qu'il y avait de la décence et une certaine majesté à porter la barbe longue, et que cette attitude était propre à inspirer de la terreur à leurs ennemis. Aussi continuèrent-ils à la porter de même jusque vers le neuvième siècle, où Charlemagne ayant conféré à Grimoald la principauté de Bénévent à titre de bénéfice, il lui recommanda d'obliger les Lombards à se raser le menton. L'ordre portait qu'ils se conformeraient en cela aux Romains, c'est-à-dire qu'ils se raseraient entièrement, ou du moins qu'ils porteraient la barbe plus courte; car il n'est pas aisé de décider si on les contraignait par là à se raser de tout près, puisqu'on sait que ceux de Ravenne, voisins et alliés des Romains, ne

sé rasaient pas totalement. Agnelli, dans la *Vie de Damien*, archevêque de
Ravenne, dit que tous les hommes nobles ou non nobles témoignaient leur douleur en s'arrachant la barbe, qu'ils avaient fort sale (*squallida*). Donizon (*Vie de
la comtesse Mathilde*) rapporte que Boniface, marquis de Toscane, époux de cette
comtesse, ayant sujet de s'irriter contre certains Bourguignons, les menaça en
se frappant la barbe (*barbam quatiendo, minatur*). » Les Germains étaient les
uns rasés, les autres barbus. Voici ce qui motivait cette différence entre eux.
Lorsqu'ils étaient parvenus à l'âge de l'adolescence, ils se laissaient croître la
barbe, qui leur couvrait presque tout le visage, et il ne leur était plus permis de
la couper avant qu'ils eussent donné une preuve certaine de leur courage en
tuant un ennemi. C'était dans le sang qu'ils conquéraient le droit de se mettre à
nu le menton. C'était donc à ce signe qu'on reconnaissait ceux qui s'étaient
montrés dignes de leur patrie et de leurs aïeux, selon les expressions mêmes de
Tacite. La barbe restait le partage des faibles et des lâches. Les Goths ne portaient ordinairement qu'une moustache. Cependant Théodoric avait des demi-
favoris dans la partie supérieure des joues, et qui, courts et revissés, poussaient
dans la direction des tempes. Il se faisait épiler le reste du visage par un barbier
armé de petites pinces : aussi sa peau était-elle lisse et blanche comme celle d'une
femme. Les Gaulois, selon Diodore de Sicile, étaient rasés pour la plupart, et
ceux qui ne l'étaient pas portaient la barbe très-peu longue. Les nobles se
rasaient les joues soigneusement, mais ils conservaient les moustaches d'une
longueur démesurée, qui leur couvraient toute la bouche. Il arrivait souvent, dit
l'auteur que nous venons de nommer, que les morceaux qu'ils mangeaient s'em-
barrassaient dans ces inextricables poils, qui en même temps leur servaient
comme de tamis pour filtrer leur boisson. Sidoine Apollinaire nous apprend que
les Franks se rasaient le menton et les joues, mais laissaient croître sur leur
lèvre supérieure une moustache fine (*tenues cristæ*) qu'ils avaient soin de peigner.
« Ces moustaches ressemblaient-elles aux poils longs et déliés dont les Chinois
sont si jaloux? demande Molé. N'avaient-elles pas quelque conformité avec les
moustaches courtes et relevées des Suisses de nos jours? Sidoine ne le dit pas. Il
nous apprend seulement qu'on les arrangeait avec un peigne, ce qui fait présumer qu'elles étaient longues et pendantes. Des moustaches courtes n'ont pas
besoin d'être peignées.

Ainsi que les grandes barbes, les cheveux longs et touffus donnent à la figure
un aspect effrayant, avantage que recherchent les peuples à demi sauvages et toujours en guerre. C'était une des raisons pour lesquelles les barbares attachaient
en général beaucoup de prix à leurs épaisses chevelures flottant sur leurs épaules.
Il est, dit un écrivain de notre temps, une observation qui n'est pas rigoureusement exacte, mais qui cependant peut être faite, c'est que les peuples parvenus
à un certain degré de civilisation ont porté les cheveux courts, et que le luxe des
longs cheveux fut principalement celui des peuples barbares. Remarque dont nos

recherches particulières confirmeront pleinement la justesse en thèse générale, mais à laquelle on peut néanmoins opposer d'assez nombreuses exceptions. Nous emprunterons d'abord à une encyclopédie cette vue d'ensemble : « Les barbares qui envahirent l'Europe avaient eu grand soin de leur coiffure. Strabon, Tacite, Grégoire de Tours, et d'autres auteurs, représentent tous ces guerriers oignant leurs cheveux avec la graisse des animaux ou le vieux beurre qu'ils faisaient avec le lait des cavales. Quelques-uns d'entre ces peuples, cependant, principalement ceux qui se rapprochaient du Midi, au lieu de porter les cheveux longs, se rasaient la tête, et ne conservaient qu'une seule houppe ou mèche au milieu. Les Tatars et les peuples venus de l'Asie étaient ainsi coiffés. Quant aux femmes, nous trouvons déjà à cette époque reculée une très-grande variété dans les manières dont elles arrangeaient leurs cheveux. Elles les portaient tantôt en nattes, tantôt relevés sur la tête et retenus par des chaînes d'or et de fer. » Chateaubriand, dans l'admirable tableau qu'il a esquissé des mœurs des barbares, place ces détails : « Rome vit, d'abord successivement, et ensuite tout à la fois, dans le cœur et dans les provinces de son empire, de petits hommes maigres et basanés, ou des espèces de géants aux yeux verts, à la chevelure blonde lavée dans l'eau de chaux, frottée de beurre aigre ou de cendres de frêne...... » Sidoine Apollinaire observait pendant l'invasion ces physionomies si étranges et si curieuses des barbares : « Je suis, dit-il, au milieu des peuples chevelus, obligé d'entendre le langage du Germain, d'applaudir, avec un visage contraint, au chant du Bourguignon ivre, les cheveux graissés avec du beurre acide. » Parmi ces peuplades chevelues, *cri-nigenas catervas*, comme les appelle le poëte, on remarquait les Agathyrses et les Pictes. Ammien Marcellin nous les représente se tachetant le corps et les cheveux d'une couleur bleue *(cæruleo)* : les gens d'une condition inférieure portaient leurs mouchetures rares et petites ; les nobles les avaient larges et rapprochées. Il fait des Alains un portrait plus flatteur : ils étaient grands et beaux, et portaient, non sans grâce, une longue chevelure blonde. Les Bretons avaient aussi les cheveux longs. César, dans ses Commentaires, observe qu'ils se les peignaient, ainsi que le visage. Le jaune et le bleu étaient leurs couleurs favorites. Ils avaient pour but, en se bariolant ainsi, d'inspirer plus de terreur à leurs ennemis. Les femmes les imitaient, croyant, sans doute bien à tort, se rendre par là plus belles et plus séduisantes. Les Sicambres retroussaient leurs cheveux sur leur tête et les nouaient : renseignement que nous trouvons dans ce vers de Martial :

Crinibus in nodum tortis venere Sicambri.

Apollinaire en vit à Bordeaux qui, trahis par la fortune, subissaient le joug de la conquête, et il les peint de ce trait : « Ici l'ancien Sicambre, à l'occiput tondu, tire en arrière, depuis qu'il est vaincu, ses cheveux renaissants sur son cou vieilli. » Sénèque nous a laissé quelques détails sur les coiffures de différents peuples de son temps, dans une épître où il reproche à son ami Lucilius le soin excessif qu'il prend de sa chevelure : « Après que tu l'auras étendue à la façon des Parthes, lui dit-il, que tu l'auras laissée flotter sur tes épaules selon la mode des Scythes, ou que tu l'auras nouée et mouillée comme font les Germains, elle ne sera point si épaisse que le crin des chevaux ni si belle que la crinière des lions. » Juvénal est d'accord avec Sénèque sur la manière dont ces Germains disposaient leurs cheveux. Ils les relevaient par derrière, par devant, par les côtés, et les ramenaient sur le sommet de la tête, où ils en formaient un ou plusieurs nœuds. La couleur blonde, qui dominait parmi eux, était à leurs yeux d'un prix inestimable, et, chose assez singulière, les hommes paraissaient y tenir encore plus que les femmes. Aussi ceux qui avaient le malheur d'avoir reçu de la nature des cheveux bruns avaient-ils recours à mille moyens plus ou moins ingénieux pour corriger ce vice de naissance. Ils employaient à cet usage certaines herbes dont les Romains ne purent leur dérober le secret, mais dont ils leur empruntèrent ou plutôt leur achetèrent le suc tout préparé. Ils se servaient beaucoup aussi d'une espèce de savon liquide ou épais, composé de suif de chèvre et de cendres de hêtre. Avec le secours de tous ces ingrédients, ils donnaient à leurs cheveux la belle couleur blonde et des tons dorés. De plus, ils secouaient sur leur tête une poudre rougeâtre qui en avait encore l'éclat et qui, selon toute vraisemblance, était de la limaille d'or. La chevelure était chez eux l'objet de si grands respects, qu'ils l'avaient déclarée inviolable. Quiconque coupait celle d'une jeune fille était condamné à payer soixante-deux sous d'or et demi. Si l'on s'avisait de la lui dénouer seulement (*eam discapillare*), l'amende était encore considérable. Quand une femme était accusée et convaincue d'adultère, témoigne Tacite, on lui rasait les cheveux, et en présence des amis et des proches, on la chassait toute nue de la maison du mari. Ces coutumes régnaient également parmi les Suèves. « On distinguait ce peuple des autres Germains, dit Tacite, à la façon dont il relevait ses cheveux et en faisait un nœud sur la tête : c'était aussi par là qu'on reconnaissait facilement un homme libre d'avec un esclave. Tous ceux qui portaient leurs cheveux de la même manière, dans le reste de la Germanie, ne le faisaient qu'à l'imitation des Suèves ou parce qu'ils avaient quelque alliance avec eux, et même ce n'était que pendant l'enfance, tandis que les Suèves, au contraire, continuaient toute leur vie de relever par derrière et de nouer sur le sommet de la tête leur chevelure hérissée, que leurs chefs ajustaient encore avec plus de soin. » Dicénée appelle les Goths *capellati*, chevelus. Plus tard, on n'aurait pu appliquer cette épithète qu'aux hommes de basse condition, car les nobles ne conservèrent qu'une touffe nouée sur le haut de la tête, et on appelait *pileati*, *mitres*, ceux parmi lesquels on les choisissait, eux et les prêtres. Une loi en vigueur chez les Visigoths prouve la puissance qu'ils attachaient à la chevelure : quiconque tirait violemment celle d'un homme libre devait une composition de deux écus. Un canon du concile de Tolède déclare qu'on ne pourra élire roi celui qui se sera

fait couper les cheveux. Chez les Gaulois, la longue chevelure était le signe de
l'honneur et de la liberté. Avoir la tête rasée, c'était, pour un homme libre, être
marqué d'infamie. Les serfs avaient la tête rase, et c'était à cette particularité
qu'on les reconnaissait. Toute la Gaule transalpine était appelée Gaule chevelue,
Gallia omnis comata uno nomine appellata, dit Pline. On jurait sur les cheveux
comme sur la partie la plus noble de l'individu, et certainement avec moins de
légèreté que n'en mettent les Français modernes à engager leur parole d'honneur
à tout propos. Les Gaulois connaissaient, comme les Germains, les recettes pour
changer la couleur de leurs cheveux. Ils teignaient en rouge, avec une pommade
de leur composition, leur longue crinière flottante. Aux jours de grandes cérémonies, ils parsemaient de raclures d'or leur chevelure et leur barbe. L'histoire
ne nous dit pas s'ils se couronnaient de fleurs ; mais nous savons qu'ils ornaient
ainsi leurs chiens, dressés à la guerre. Les Gauloises portaient les cheveux nattés
et tombant sur les épaules. Quand César eut achevé la conquête des Gaules, il
fit couper les cheveux à tous les habitants en signe de soumission, et aussi, sans
doute, pour effacer toute distinction entre la race victorieuse et la race subjuguée.
De la coutume de tondre les gens qu'on voulait dégrader et flétrir est venu certainement l'usage si longtemps maintenu de raser les clercs qui n'avaient ni l'habit convenable ni la tonsure cléricale. Parmi les barbares, les Franks étaient ceux
dont les mœurs choquaient le moins le goût et la délicatesse. Depuis longtemps
mêlés aux Romains, ils avaient pris quelque chose de leur propreté et même de
leur élégance. « Le jeune chef marchait à pied au milieu des siens, lisons-nous
dans Sidoine Apollinaire ; son vêtement d'écarlate et de soie blanche était enrichi
d'or ; sa chevelure et son teint avaient l'éclat de sa parure. » Ils avaient aussi
emprunté aux Germains et aux Suèves beaucoup de leurs usages. Comme
eux, ils se coupaient les cheveux tout autour de la tête, en ne conservant sur le
haut qu'une espèce de toupet, formant aigrette, qu'ils attachaient solidement.
Ils ne déliaient ce bouquet de cheveux que dans le deuil et dans l'affliction, car
dans ce cas-là ils ne prenaient plus aucun soin extérieur de leurs personnes.
Mais hors du temps où quelque accident venait déranger leurs habitudes, ils sui-
vaient invariablement pour leur coiffure la mode que nous avons décrite. Apollinaire s'écrie dans son Panégyrique de l'empereur Majorien : « Vous avez dompté
des monstres dont la chevelure, tombant du sommet de la tête, revient sur le
front, tandis qu'ils ont le derrière du crâne entièrement rasé. » Lorsqu'ils eurent abandonné la Germanie et pénétré dans les Gaules, ils renoncèrent à leurs
façons de se coiffer, pour se conformer au goût national du pays qu'ils avaient
envahi. Ils laissèrent flotter leurs cheveux des deux côtés, le long de leurs joues,
et jusque sur leurs épaules.

Il est fort douteux que les peuples barbares se soient servis de perruques et en
aient même connu l'usage. Deguerle nous dit, en s'appuyant d'une phrase équivoque d'Appien, que les Ibères, sous la conduite de Viriatus, arborèrent des

perruques à longue queue. Mais nous savons qu'épris des perruques, dont il s'est constitué l'ardent défenseur, Deguerle en voit partout où il n'y en a pas, et ne se fait aucun scrupule, quand un auteur ancien parle de cheveux naturels, d'y substituer des cheveux postiches, pour la plus grande gloire de son héroïne. Quelques témoignages acceptables nous feraient croire cependant que les Lombards ont porté des perruques de laine peintes.

Nous allons maintenant mettre le pied sur un terrain moins mouvant, et interroger l'histoire de notre propre pays, heureux que nous sommes d'avoir à nous occuper enfin de nos ancêtres, même à propos d'une monographie aussi humble que l'est celle-ci. En abordant cette partie de notre sujet, nous pourrions lui donner pour épigraphe ces vers de Ronsard :

> Donques le peuple suit les traces de son maistre
> Il prend de ses façons, il l'imite et veut estre
> Son disciple, et toujours pour exemple l'avoir,
> Et se former en luy ainsi qu'en un miroir.

En toutes choses en effet, mais principalement en ce qui concerne le costume, les Français se sont de tous temps modelés sur leurs princes. L'histoire de nos barbes et de nos coiffures n'est donc guère autre chose que l'histoire de celles de nos rois. Jusqu'à l'âge de quarante ans, les premiers Français ne portaient que des moustaches, à moins qu'ils ne fussent revêtus de quelque dignité ou de quelque charge publique. Dans ce cas, ils laissaient croître leur barbe de cinq ou six doigts, et ils la taillaient en rond. On peut affirmer positivement que lorsqu'ils marchaient sous la conduite de Clodion le Chevelu, ils avaient le visage rasé et la lèvre supérieure seule garnie de poils. C'était par là qu'ils se distinguaient de toutes les nations voisines. Les barbes gothiques et germaniques n'avaient avec les leurs aucun point de ressemblance. Plusieurs auteurs ont avancé que les barbes tombantes étaient l'une des prérogatives des rois de France de la première race. Eginhard dit qu'ils venaient aux assemblées du champ de mars, montés sur un chariot traîné par des bœufs, et qu'avant même qu'ils fussent assis sur le trône le peuple les reconnaissait à leurs grands cheveux et à leur grande barbe (*crine profuso, barba submissâ*). Malgré le témoignage de cet historien, on peut douter que les rois fainéants aient été aussi barbus qu'il nous les représente. Les rares monuments qui nous restent de ces temps reculés font plutôt croire que la mode des barbes courtes florissait sous leur règne et que les Français de cette époque se dégagèrent le bas des joues. Ce ne serait que plus tard que l'on aurait vu le petit bouquet de barbe fleurir à la pointe du menton. La barbe vénérable dont parle Eginhart est totalement absente de la plupart des effigies des rois de France de la première race : on a, pour s'en assurer, un moyen sûr, qui est de consulter les monnaies frappées de leur temps. Il y en a quelques-uns, il est vrai, qui

ne sont pas complétement rasés, mais leur barbe est tellement courte et rare
qu'on pourrait la prendre pour celle d'hommes qui pendant quelques semaines
au plus auraient négligé ce détail de leur toilette. L'abbé de Vertot a fait d'ailleurs une remarque qui éclaire singulièrement la question. Il demande comment
Clovis II aurait pu avoir une si virile barbe, puisque, de l'aveu de tous les historiens, il est mort à l'âge de vingt et un ans. Son fils Clotaire III n'en a vécu que
dix-sept ou dix-huit. Childéric II, son frère, fut tué avant d'avoir atteint sa vingt-
quatrième année. Clovis III, leur neveu, mourut à quatorze ans. Childebert II
ne passa pas sa vingt-huitième année. Dagobert, né en 700, mourut en 716.
Thierry, de Chelles, fut enlevé vers sa vingt-troisième année. Childéric III ter-
mina sa carrière à dix-neuf ans, selon toutes les probabilités. Eginhart donc, pour
faire accepter sa version, aurait dû ajouter que les barbes de tous ces jeunes
princes étaient postiches. Mais peut-être n'y eût-on que plus difficilement encore
ajouté foi. On ne saurait contester que quelques-uns de nos rois aient fait de la
barbe le plus grand cas, puisque les statues qui nous reproduisent leurs traits
sont ornées de barbes qui descendent très-bas : ils ont même poussé le luxe jusqu'à les parsemer de paillettes d'or et d'argent; mais ces rois ne sont point de la
race mérovingienne.

Il est impossible d'assigner une date certaine à l'expiration de la mode des
moustaches. Toutefois, on peut raisonnablement supposer que du temps de Childéric elle n'existait déjà plus ou était abandonnée au peuple, car on a retrouvé
un cachet où le portrait de ce prince est gravé, et l'on y remarque une absence
totale de moustaches. Ce fut Clovis qui en ramena le règne. On pense commune-
ment qu'il porta une barbe courte, isolée des tempes, et que sa lèvre était sur-
montée d'une imposante paire de moustaches. Dans ce temps-là les alliances et
les adoptions se contractaient par l'attouchement des cheveux ou de la barbe. On
lit dans les *Gestes des Rois de France*, que Clovis voulant faire alliance avec
Alaric, roi des Goths, lui députa des ambassadeurs afin qu'il fût bien stipulé
qu'en signe de ratification du traité il lui toucherait ou lui ferait toucher sa
barbe; formalité par laquelle il deviendrait son parrain, son père d'adoption,
adoptivus et fieret pater, le texte est formel. Alaric reçut fort peu galamment
les envoyés du roi frank, et n'accueillit leur demande qu'avec dérision et mépris.
Indignés de cet outrage, les Français lui déclarèrent la guerre et s'engagèrent
par serment, en prenant les armes, de ne pas se faire la barbe avant d'avoir
vengé leur prince et leurs ambassadeurs. Ils tinrent parole, mirent les Visigoths
en déroute, tuèrent leur chef, et de retour dans la patrie, déposèrent leurs
barbes, qui n'avaient du reste pas eu le temps d'arriver à des proportions remar-
quables. A l'imitation de Childebert, qui portait à l'extrémité du menton un appendice barbu, les Franks cessèrent de se raser entièrement le visage vers le
commencement du sixième siècle, habitude qu'ils avaient prise depuis peu de
temps. Peu à peu ils ajoutèrent à cette barbiche les moustaches et aux mousta-

ches les favoris, de sorte que les barbes entières étaient en faveur et fort communes quand s'ouvrit le septième siècle. Les ecclésiastiques furent à peu près les seuls qui à cette époque persistèrent à demeurer imberbes. La barbe devint alors l'objet des respects les plus sérieux et de l'attachement le plus étroit, soit dit sans aucune intention de jouer sur les mots : son inviolabilité fut même sanctionnée non-seulement par la coutume universelle, mais par de fortes pénalités. Tirer les moustaches de son voisin, arracher un poil au menton d'un ennemi devinrent des crimes sévèrement punis. Le jeune Dagobert, n'étant encore qu'héritier présomptif de la souveraineté, ayant trouvé qu'un gouverneur auquel il rendait visite affectait mal à propos des allures quasi-royales, le fit fustiger et finalement lui arracha la barbe. Grand émoi à la cour, encore barbare cependant, de Clotaire II! Le père du prince jugea coupable la conduite de son fils et le punit à son tour de sa vivacité trop princière, en blâmant hautement et publiquement son excès de rigueur. Il fallait que la barbe passât alors pour sacrée, pour que le roi du jour désapprouvât ainsi l'emportement du roi du lendemain, dans un temps où l'on n'était guère scrupuleux quand il s'agissait de réprimer les empiétements sur le pouvoir royal. On trouve dans les Capitulaires donnés en 680 une disposition contre les violateurs du respect dû à la barbe. Quiconque se permettait de raser un homme malgré lui devait racheter sa faute par une composition de six sous, somme qui était loin d'être aussi minime qu'on pourrait le croire aujourd'hui. Lorsqu'on se faisait raser pour la première fois, c'était en grande cérémonie que l'opération se pratiquait. Les personnes titrées faisaient couper la première barbe de leurs fils par d'autres personnes également nobles, qui, par cela seul qu'elles avaient accepté cet office, devenaient les parrains et les tuteurs spirituels des enfants. La fin du huitième siècle devait être signalée par un événement de notable importance : une nouvelle révolution de la barbe. Charlemagne voulut prouver aux nations étonnées ce que pouvait accomplir un roi des Franks, empereur d'Occident, et il usa de son omnipotence incontestée pour supprimer net cette pauvre barbe qui n'en pouvait mais. En cela, il donna la mesure de son grand esprit novateur et de son entière impartialité en matière de réforme, car on ne saurait l'accuser à ce propos d'égoïste vanité : s'il n'était point barbu c'est qu'il ne daignait pas l'être. La nature ne lui avait point refusé cette faveur : seulement il ne voulut point en profiter. Ce qui prouve que ce n'était pas par impuissance d'en avoir qu'il condamnait la barbe, c'est que pendant son séjour en Italie il la laissa croître pour se conformer aux usages des grands de Rome et flatter dans son goût pour cet ornement du visage le pape Adrien III, qu'il avait besoin de mettre dans ses intérêts pour se faire offrir la couronne impériale. Que si l'on nous objecte qu'on le représente habituellement avec une barbe qui lui descend jusqu'à la ceinture et qui ressemble fort à celle de Dieu le Père, nous répondrons, sans embarras aucun, que c'est à tort. Il est bien vrai aussi que sur d'anciennes mosaïques que l'on voit encore aujourd'hui à Rome il porte de longues moustaches et une barbe courte. Mais, encore une fois, il voulait plaire à la noblesse romaine, dont il attendait en retour l'empire, ce qui valait bien le sacrifice momentané de sa misopogonie. Qui rejetterait cette hypothèse comme inadmissible et injurieuse à la mémoire de ce maître du monde, quand Eginhart, son biographe et même son panégyriste, dit que, par condescendance aux vœux du patriciat romain, il prit la chaussure et le costume alors à la mode dans la ville éternelle? O ambition, à quelles petitesses tu abaisses la majesté des plus glorieux monarques! Il va sans dire que, revenu en France, Charlemagne se mit plus à l'aise et commença par se débarrasser des poils qui ombrageaient ses lèvres et son menton : à partir de ce moment les sceaux et les diplômes nous le montrent entièrement dénué de barbe, ou avec une barbe si exiguë que ce n'est vraiment pas la peine d'en parler. Et comme, père de ses peuples avant tout, il supposait qu'une végétation pileuse qui l'avait si longtemps gêné devait les incommoder tout autant que lui, il la leur fit immédiatement faucher, sans leur demander leur avis préalable. Nous ne savons si les *missi dominici* parcoururent les provinces armés de rasoirs et de ciseaux, mais un fait constant subsiste, c'est que la barbe fut réformée, c'est-à-dire qu'elle disparut de la surface des mentons français. A Charlemagne les barbiers reconnaissants!

Cependant la proscription ne fut pas complète. On abattit les barbes d'assez bonne grâce, mais on fit des réserves quant aux moustaches. Beaucoup de partisans de ce mâle ornement s'obstinèrent à la garder, et l'autorité ferma les yeux. Il semble même qu'elles aient profité pour leur croissance de tout le suc nourricier que ne consommait plus leur voisine absente et que, désormais privilégiées, elles aient atteint de magnifiques dimensions. Taillées en pointe, elles s'allongèrent des deux côtés de la bouche, descendirent le long du menton et finirent par tomber sur la poitrine. Elles triomphèrent sur toute la ligne, en dépit des persécutions de César, si bien que, lors de l'avénement au trône de Charles le Chauve, elles étaient installées sur toutes les lèvres et y régnaient sans conteste. Ce roi lui-même fut sous ce rapport un des mieux partagés : les monuments de son temps le démontrent aux moins clairvoyants ennemis de la moustache martiale. Mais, ô vicissitude des destinées humaines et en particulier de celles des moustaches! la vogue infidèle et capricieuse les abandonna. Séditieuses, elles avaient poussé à travers tous les obstacles; libres de croître au gré des amateurs, elles perdirent toutes leurs séductions. L'opposition leur avait été favorable, la faveur leur fut contraire; leur ère de prospérité finit quand fut inaugurée celle de leur émancipation. Quel enseignement profond dans ce retour de fortune si intempestif! Et si la politique... Mais écoutons Molé : « L'incommodité de ces longs poils ne tarda pas à se faire sentir. On émoussa leur pointe, et les moustaches devinrent carrées. Peu à peu elles perdirent presque toute leur longueur. Ce ne fut plus la mode de les laisser retomber des deux côtés de la bouche. Elles prirent alors une position horizontale; mais cette forme n'eut pas grand succès;

la moitié du neuvième siècle était à peine écoulée lorsque les moustaches furent entièrement supprimées. »

Vers le commencement du dixième siècle, les barbes refleurirent. Robert, compétiteur de Charles le Simple et qui fut tué de sa propre main, portait une longue barbe toute blanche. Dans la bataille qu'il livra au roi, il la mit hors de son casque pour être mieux reconnu de ses soldats et leur servir de ralliement dans la mêlée. Les Normands, qui, vers cette époque, portèrent la terreur de leurs armes jusque sous les murs de Paris, ne se faisaient point craindre du moins par l'aspect de barbes incultes comme celles des anciens barbares ; leur visage, soigneusement rasé, n'avait rien d'effroyable, et la moustache, qu'ils regardaient comme le symbole de la bravoure et de la fierté, ornait leur lèvre de ses poils courts et bien peignés. L'usage des barbes longues ne fut point rejeté sous les premiers rois de la troisième race. La chronique de ces temps dit que Hugues, comte de Châlons, vaincu par Richard, duc de Normandie, alla se jeter à ses pieds, portant sur son dos une selle de cheval pour marquer sa soumission entière, et ayant plutôt l'air d'une chèvre que d'un cheval, à cause de sa grande barbe. Sous les rois de la seconde race, l'influence de la barbe ne s'était pas affaiblie ; c'était par elle qu'on jurait le plus souvent, comme sous les rois de la race mérovingienne. Les romans et les poëmes carlovingiens mentionnent ce serment à chaque instant. Un trait de mœurs non moins curieux, c'est que celui qui apposait son sceau sur un acte public ou privé y insérait dans la cire dos poils de sa barbe. Les musées et les collections d'antiquités conservent précieusement de vieilles chartes à sceaux barbus. On croyait donner par là plus d'autorité aux traités que l'on signait. Ducange cite une charte datée de l'an 1121, et qui est empruntée au *Recueil manuscrit d'anciennes pièces* de dom Claude Estiennot. On y lit (en latin nécessairement) : *Pour ratifier cet acte, lui donner durée et stabilité dans l'avenir, j'ai apposé au présent écrit la garantie de mon sceau avec trois poils de ma barbe.* Le texte d'un acte de donation fait l'an 1181 en faveur de Saint-Florent de Saumur porte : *Pour que cette aumône donnée aux moines demeure valide, je l'ai, comme on voit, corroborée de l'impression de mon sceau avec trois poils de ma barbe.* L'usage de la barbe dans les traités et les actes est donc un fait acquis et indubitable. Reprenons maintenant au point où nous l'avons laissée l'histoire chronologique de la barbe. Molé nous la décrit telle qu'on la portait, selon lui, au dixième siècle, nous disons *selon lui,* car il n'indique pas les sources où il puise ses renseignements. Peut-être est-ce de l'examen des portraits et effigies de cette époque qu'il les a tirés. Quoi qu'il en soit, nous lui laissons la parole : « Sous Henri Ier, fils du bon roi Robert, les Français se découpèrent singulièrement la figure ; les cheveux, les moustaches et la barbe étaient disposés de manière que les petits-maîtres avaient le visage en cascade. Les cheveux ronds, égaux et plats ne passaient point les oreilles ; c'était la première chute. Les moustaches tombantes, dégagées et sans pointe formaient la seconde. Une barbe fort longue, fort pointue et placée à l'extrémité du menton terminait la troisième. Plus les Français s'appliquaient à donner à leur barbe une forme prétendue galante, plus ils se glorifiaient de la conserver. Heureux ceux que la nature avait favorisés d'une abondante *moisson* (c'est sûrement *toison* qu'il faut lire); ils en devenaient plus recommandables aux yeux de leurs concitoyens. Plusieurs héros du onzième siècle n'eurent d'autre surnom que celui qu'ils durent à leur barbe. Geoffroy le Barbu et Baudoin à la belle barbe furent de ce nombre. » Au commencement du douzième siècle, les visages français étaient encore suffisamment pourvus de poils. Mais on ne tarda pas à se dégoûter des barbes pointues naguère si préconisées; puis peu à peu on les exila de l'extrémité du menton. Les partisans du changement et de la variété en matière de modes les réunirent aux moustaches et dessinèrent autour de la bouche une guirlande de poils circulaire. On cessa généralement de se raser la lèvre inférieure. Enfin parurent, ou plutôt reparurent les barbes en toupet. Cette mode fut d'abord accueillie avec la plus grande faveur, mais elle perdit assez promptement son crédit et fut ensuite délaissée tout à fait; elle lutta néanmoins pendant un demi-siècle contre la disgrâce dont elle était menacée et sous laquelle finalement elle succomba. On peut fixer la date précise de son expiration, qui est 1149, Louis le Jeune étant roi. Les moustaches avaient résisté au mauvais sort sinon plus vaillement, du moins avec plus de bonheur; elles furent moins maltraitées. On les aménagea en vergette, innovation qui prolongea la durée de leur existence. Cependant, après avoir quelque temps survécu aux barbes, elles allèrent comme elles où va toute chose:

> Où va la feuille de rose
> Et la feuille de laurier.

Les chroniqueurs de cette époque constatent qu'on ne vit plus nourrir de barbes que par les paysans et les pèlerins revenant de la terre sainte, qui voulaient qu'on les prît bien à leur mine pour ce qu'ils étaient. Il n'y avait donc plus, à la fin du douzième siècle, que des mentons rasés. L'auteur d'une histoire du Languedoc en fait particulièrement l'observation par rapport aux habitants de la Narbonnaise. Bannie de l'Occident, la barbe alla fleurir en Orient, sa patrie par excellence. Ce cataclysme dut singulièrement réjouir les barbiers, qui chômaient plus que de raison depuis assez longtemps : pauvres barbiers dont l'existence est attachée à celle de la barbe, leur ennemie naturelle en même temps que leur meilleure amie, et qui mourraient si elle ne revivait pas! Les hommes qui faisaient alors profession de raser se nommaient *mires*. Le roi avait toujours un *mire* exclusivement attaché à sa personne, alors même qu'il était imberbe. Mais a-t-on jamais vu cour sans sinécure? Et voyez où cela conduit : Labrosse, le barbier du roi saint Louis, qui onques n'eut de barbe,

n'ayant point à s'occuper des choses de son métier, justifia le proverbe qui dit
qu'oisiveté est mère de vice. Ne s'avisa-t-il pas de renouveler, mais au rebours,
avec madame Blanche de Castille, la vieille histoire de Joseph et de la femme
de Putiphar? Mal lui en prit : il ne put noircir la reine Blanche dans l'esprit de
son époux ; la vertueuse souveraine déjoua la trame, et mons Labrosse fut pendu
haut et court. Tristes effets du désœuvrement! Cette catastrophe serait-elle ar-
rivée si le roi eût eu de la barbe, selon les lois de nature, — ou si du moins il
ne se fût point donné le luxe d'un *mire* en titre d'office qui n'avait point d'office
à remplir?

Nous empruntons à Molé le tableau des barbes dans le siècle suivant :
« Vers le milieu du quatorzième siècle, quelques particuliers tentèrent de rame-
ner la barbe en France : cette mode s'introduisit à la cour. Philippe de Valois
lui fit un accueil favorable, et l'exemple du souverain ne resta point sans imitateurs. Ce triomphe ne fut que passager. L'âge, les infirmités de Philippe avaient
beaucoup influé sur la révolution : aussitôt que la mort eut frappé le monarque,
la nouvelle mode perdit son protecteur ; elle fut négligée. La barbe né disparut
pas néanmoins subitement. Les courtisans, hommes polis et complaisants, la
congédièrent avec tous les égards dont ils sont capables. D'abord ils lui réser-
vèrent un petit terrain au-dessus de la lèvre supérieure ; ils lui permirent aussi
de se placer au-dessous de la lèvre inférieure en forme de toupet. Plusieurs lui
accordèrent un certain espace autour des joues et du menton, mais ils lui
annoncèrent en même temps qu'elle serait très-courte. Cette convention fit naître les barbes en cordon, en vergette, etc. La barbe fut enfin repoussée dans
ses derniers retranchements. On attaqua même les moustaches : ceux qui s'obstinèrent à les conserver furent réduits à les porter très-minces, très-petites.
Insensiblement on s'accoutuma à se raser entièrement le visage, et les belles
barbes cessèrent d'être estimées. Le quatorzième siècle allait expirer lorsqu'on
vit paraître en France la barbe la plus vaste qui ait jamais existé : elle appartenait à un certain imposteur qui se disait patriarche de Constantinople et qui,
sous ce titre, se fit rendre divers honneurs dans plusieurs cours de l'Europe. Il
vint à Paris en 1392. Les habitants de cette capitale, toujours curieux, toujours
étonnés, ne pouvaient se lasser de contempler sa barbe immense. Grâce à cet
ornement respectable, il reçut l'accueil le plus gracieux, et ne disparut qu'après
avoir été comblé d'aumônes et de politesses. La longueur de cette fameuse barbe
aurait paru moins extraordinaire aux Parisiens s'ils avaient fait attention qu'elle
pouvait être artificielle. » Molé oublie de dire, dans son résumé de l'état de la
barbe au quatorzième siècle, que le roi Jean le Bon en portait une fort bien
fournie. Charles V ne suivit pas son exemple; il renonça à la sienne. Il ne faudrait cependant pas en conclure que, sous son règne, les Français conformèrent
leur menton à celui du maître. L'auteur de l'histoire en vers de Jean IV, duc de
Bretagne, dit *le Conquérant*, nous peint les formes efféminées et le luxe exces-

sif des Français qui vinrent, en 1373, s'emparer de cette province. Voici le passage de son poëme qui se rapporte à notre sujet :

> Les François estoient bien peignés,
> Les vis (visages) tendres et déliés ;
> Et si avoient barbes fourchées.

Il s'en fallait de beaucoup que l'ère des révolutions fût close, comme on dit, pour la barbe. Elle vit peu à peu le nombre de ses prôneurs diminuer. *Fourchée* ou non, elle perdit si bien ses attraits, que le goût des mentons rasés domina de nouveau. Le quinzième siècle fut pour elle un siècle néfaste. Sa déroute fut complète, et telle, que jamais elle n'en avait subi une pareille depuis le commencement de son histoire. Les rois l'abandonnèrent à l'envi : c'était le comble de la disgrâce et de l'humiliation. Charles VII, Louis XI, Charles VIII, Louis XII firent un usage constant du rasoir ; jamais un poil ne se dressa sur le visage d'aucun d'eux. Les courtisans abdiquèrent, à leur exemple, les attributs de la virilité ; la ville crut qu'il était de bon ton d'imiter la cour, et les campagnes, se piquant d'honneur, mirent leur vanité à imiter la ville, de sorte que les mentons barbus devinrent bientôt aussi rares que les comètes chevelues. Aussi se trouva-t-on dans la nécessité de s'adapter des barbes artificielles dans les cérémonies où cet ornement des visages graves et recueillis était de rigueur. Quand le duc de Lorraine rendit les derniers honneurs au duc de Bourgogne, tué devant Nancy en 1476, il se revêtit de ses habits de deuil et s'ajusta une barbe longue et dorée, suivant la coutume traditionnelle des anciens chevaliers.

Nous nous arrêterons sur la limite extrême du moyen âge, et avant d'aborder, plus tard, le quinzième siècle, qui fut la renaissance de la barbe aussi bien que des lettres, nous rétrograderons vers les premiers temps de la monarchie française, où nous reprendrons l'historique de la chevelure interrompu par notre dernière excursion pogonographique.

PARIS. — TYPOGRAPHIE PLON FRÈRES,
RUE GARANCIÈRE, 8.

PARIS. TYPOGRAPHIE DE HENRI PLON, RUE GARANCIÈRE.